職場の嫌な人から自分を守る言葉の護身術

後藤千絵 弁護士

三笠書房

はじめに

ムダに「反応しない」。ムダに「争わない」
――頭のいい人間関係術

「職場の嫌な人から自分を守る言葉の護身術」――。

このタイトルを見て、職場にいる誰かを思い出し、ムカムカしたり、タメ息が出そうになった人は、ぜひ、本書をお読みください。必ずお役に立てると思います。

私は弁護士として、主に離婚や相続などの家事事件を中心に活動をしています。気になるのは、ここ最近、**職場の嫌な人に対する悩み相談が急増している**ことです。

「身に覚えのない難癖をつけられた」「指導を装って、上司がネチネチと嫌味を言ってくる」「人格否定ともとれる言葉で侮辱をされた」「陰で悪口を言って足を引っ張ろうとする」「すぐにマウントを取ろうとする」……。

上司、先輩、同僚、後輩……立場も年齢も異なる嫌な人たちからの攻撃を受けて、なす術なく黙って耐えている方が増えているのです。

「あの失礼な言い方は許せない！」「デリカシーのなさには辟易《へきえき》する！」

腹の底ではそう思いながら、**何も言い返せずに、悔しい思いをしている……**。

その気持ち、私はよくわかります。じつは私自身、かつては職場の嫌な人に悩み、悔しい思いをした経験があるからです。

でも、だからこそ、あえてこうアドバイスさせていただきます。

「我慢するのは、金輪際やめましょう。嫌な人の理不尽な攻撃を、黙って耐えるメリットなど、何1つないのですから」と。

では、実際にどうするか？　その方法をわかりやすくまとめたのが、本書「職場の嫌な人から自分を守る言葉の護身術」です。

私の経験上、職場の嫌な人は、おおむね7つのタイプに分類することができます。
1、**「自己正当化」**タイプ。2、**「自己中」**タイプ。3、**「かまってちゃん」**タイプ。
4、**「八つ当たり」**タイプ。5、**「完璧主義者」**タイプ。6、**「嫉妬メラメラ」**タイプ。
7、**「サディスト」**タイプ。
この7つのタイプの特徴を知ることが、職場の嫌な人から自分を守る基本です。彼ら彼女らの特徴がわかれば、対策を立てるのは簡単。もう恐れる必要はありません。

基本を身につけたら、いよいよ実戦編です。本書では、どの職場でも見られるケースを26個取り上げ、それぞれのケースで有効な「言葉の護身術」を紹介していきます。

ムダに「反応しない」。ムダに「争わない」――これが「言葉の護身術」の極意です。相手と正面からぶつかるのではなく、相手の攻撃を「かわす、受け流す、時に利用する」合理的な方法と言えるでしょう。たとえば、

- 身に覚えのない「難癖」をつけられたら→**「話の争点」をずらす**
- 厳しい「お局さま」を味方にするには→**「共通点」を突破口にする**
- 「侮辱」をされたら→**数秒、間をあけて「カウンターパンチ」**

などなど、「正面から戦わずに賢く勝つ」「グサッとくる一言を切り返す」「やっかいな強者も撃退する」**頭のいい切り返し方**が満載です。

ぜひ、「言葉の護身術」を身につけて、人間関係の悩みをスッキリ解消しましょう。

職場の人間関係が好転すれば、**悩みの大半は解決したも同然**です。仕事も人生も大いに切り拓けるに違いありません。

弁護士 後藤千絵

contents

1章 「職場の嫌な人」には、どんな人がいる？――7つのタイプ

2章

職場の嫌な人に絶対負けない「心」のつくり方

3章

正面から戦わずに「賢く勝つ」言葉の護身術

5章

「やっかいな強者」も撃退できる言葉の護身術

イラスト　加納徳博
著者エージェント　アップルシード・エージェンシー

1章

「職場の嫌な人」には、どんな人がいる？
——7つのタイプ

パワハラより対策が難しい「モラ男」「モラ女」とは？

どの職場にも、必ず1人は「嫌な人」がいるものです。

「何でできないかなぁ……」「（説明の）意味、わかってる？」

と、嫌味ばかり言ってくる上司。

「なぜ、そんなことをしないといけないんですか？」「理由を説明してください」

と、反抗的で理屈っぽい後輩。

「あの子、コネで入社したそうよ」「顔だけが取り柄のくせに……」

と友達のふりをして、陰でこっそり悪口を言っている同僚――。

有給休暇の申請をしたら、「いいよな、俺も休みたいよ……」と嫌味を言われたり、質問をしたら、「チッ！」と舌打ちされ、面倒くさそうな態度をされたり……。

「**それって、ハラスメントですよね!?**」

と、思わず言いたくなる人が、あなたの職場にも1人や2人はいるのではないでしょうか？

実際、**「嫌な人」たちがする「嫌がらせ行為（ハラスメント）」**は、今でも職場でひそかに横行しています。

改正労働施策総合推進法（通称パワハラ防止法）が施行され、大企業は2020年6月から、中小企業は22年4月から「ハラスメントへの防止措置」が義務づけられることになりました。

これを受け、企業が対策を始めた結果、一時期と比べると、職場での「パワハラ（パワーハラスメント）」は減ってきました。でも、完全になくなったわけではありません。

ちなみに、パワハラとは、職場での優越的な立場を背景に、適正な範囲を超えて、精神的・身体的な苦痛を与える行為のこと。具体的には「暴言、暴力、実現不可能な過大な要求をする、相手を過小評価する……」といった嫌がらせ行為のことです。

一方で、昨今、すっかり市民権を得た「**モラハラ（モラルハラスメント）**」も増加傾向にあります。

モラハラとは、言葉や態度によって相手を精神的にジワジワと追い詰めていき、萎縮させたり、傷つけたりする嫌がらせ行為のこと。

たとえば、無視する、陰口を言う、人格を否定する、ミスをしつこく責める、1人ではこなせない量の仕事を与える……などなど、簡単に言えば「**精神的な嫌がらせ**」、つまり「**大人のいじめ**」です。

パワハラは大声で怒鳴ったり、暴言や暴力を含むため、表面化しやすいのに対し、モラハラは精神的な嫌がらせのため、陰湿で、表面化しづらい傾向があります。

また、パワハラは優越的な地位や立場を利用し、主に上司から部下に対して行なわれるのに対し、モラハラは**地位や立場に関係なく、同僚や後輩からも行なわれます。**

モラハラは陰湿で目に見えづらい分、パワハラより対策が難しいと言えるかもしれません。

実際、ここ数年、モラハラ（大人のいじめ）に悩む人は増加傾向にあります。

厚生労働省によると、2011年までは労働条件をめぐる悩み相談は、「解雇」に関するものが最多でした。

ところが、それ以降の10年間では、「嫌がらせ・いじめ」の相談件数が増加し、最多となったのです（令和3年度個別労働紛争解決制度の施行状況）。

職場での嫌がらせと言っても、やっていることは低次元なものがほとんどです。その最たる例が「仲間はずれ」でしょう。

ただ、低次元の嫌がらせであったとしても、頻繁に繰り返されたり、長期間続いたりすれば、精神的なダメージが蓄積し、仕事にも支障をきたすようになります。

そうやって相手をじわじわと追い詰めて、自分の思うように支配しようとするのが、モラハラの特徴なのです。

本書では、そうしたモラハラ疑惑のある「**モラ男**《お》」「**モラ女**《じょ》」も「職場の嫌な人」とひとくくりにして取り上げていきます。

「職場の嫌な人」がする「嫌がらせ行為」も、自分に攻撃が向かってくるという点ではいじめとまったく同じこと。

実際、自分の隣の席やすぐ近くに「モラ男」「モラ女」がいたら一大事です。あなたの仕事や私生活に大きな損害をもたらすかもしれません。

「職場の嫌な人」に対する対策は、真剣に考えるべき「喫緊《きっきん》の課題」と言えましょう。

この7人は要注意！「職場の嫌な人」の攻略法

職場に「嫌な人」がいるかどうかは運の要素もあるため、避けようがありません。

私たちができることは、

- 「嫌な人」にいかに対処するか。
- 「嫌な人」からどうやって自分を守るか。

端的に言えば、この2つだけです。

「嫌な人」を前もって避けることはできないけれど、これ以上嫌がらせをされないように対策を練り、自分を守ることはできるということです。

では、具体的にどうすればいいのでしょうか？

まずは、「職場の嫌な人」の分析から始めましょう。**相手をよく知ることが「職場の嫌な人」から自分を守るための第一歩**です。

全体像がわからない時は、相手がとてつもなく大きなモンスターに思えて、必要以上に恐れてしまいがちです。

でも、相手の正体がなんとなくでも把握できれば、自分が恐れていた相手は、意外にちっぽけな存在であることがわかるはずです。すると、恐怖心に縛られることなく、冷静に対処することができるようになるのです。

これは、私の実体験からもそう断言できます。

私は今でこそ弁護士として法律事務所を経営し、モラハラ案件を中心に多くの人の相談にのっていますが、弁護士になったのは、40歳を過ぎてから。それ以前は、さまざまな職に就き、嫌がらせを受けてきた経験があります。

モラハラは、地位や立場に関係なく、同僚や後輩からも行なわれるのが特徴ですが、嫌がらせの対象が上役に向かうことはあまりありません。

立場の弱い人（新入社員や異動してきた社員、派遣社員、アルバイトやパート等）に向かってくることがほとんどなのです。

私が新卒で入った損害保険会社では、女性総合職というだけで男性社員から煙たがられ、嫌味を言われたり、嫌がらせをされました。派遣社員やアルバイトをしていた時には、正社員から仲間はずれにされるなどの嫌がらせを受けてきたのです。

嫌がらせやいじめの原因は、あってないようなもの。当時は何がいけないのか、どうすればいいのか、理由がわからずに相当悩みました。

解決策を求めて、精神科医の方が書かれたいじめに関する書籍を、手あたりしだい読んでみたこともあります。でも、その甲斐もあって、嫌がらせやいじめをする人には、いくつかのタイプがあることがわかりました。

嫌がらせをされてひとり悩んでいた私には、**嫌がらせをする人のタイプと特徴を知るだけで、気持ちがとてもラクになった**ことを覚えています。

特徴がわかれば、対策を立てるのは、それほど難しくはありません。

「職場の嫌な人」に苦しんでいる人は、ぜひ、「嫌な人」のタイプを把握して、相手の正体を掴んでおきましょう。

じつは「職場の嫌な人」は、大きく分けて7つのタイプに分類することができます。

1 悪いのは「他人のせい」……「自己正当化」タイプ

2 自分の「思い通り」にしたい……「自己中」タイプ

3 「もっとほめて！ もっと認めて！」……「かまってちゃん」タイプ

4 ストレスは「他人にぶつけてしまえ」……「八つ当たり」タイプ

5 「他人のミス」は絶対に許せない……「完璧主義者」タイプ

6 あいつより「自分のほうが上」……「嫉妬メラメラ」タイプ

7 「弱い者いじめ」大好き……「サディスト」タイプ

あなたが思い浮かべる「職場の嫌な人」も、この7タイプのどれかに該当するはずです。なかには、**複数のタイプの特徴を兼ね備えた難敵もいる**と思います。

これから、7つのタイプの特徴と対策について1つひとつ説明していきます。

ぜひ、あなたの職場にいる「嫌な人」を思い浮かべながら、読み進めてみてください。どのタイプかがわかるだけで、ムダに恐れる必要もなくなり、心がすっと軽くなるはずです。

タイプ

1

悪いのは「他人のせい」

「自己正当化」タイプ

「悪いのは他人のせい」――。

職場でこの「自己正当化」タイプに一度も出会ったことのない人は、相当運がいいと思います。それくらい、**どこの職場にも必ず1人はいる**タイプです。

たとえば、営業社員のスケジュールを管理している担当者が、部内のスケジュール表に入力ミスをしてしまい、顧客のダブルブッキングが発生したとします。この担当者が「自己正当化」タイプだった場合、ミスを認めさせるのは至難の業。

たとえミスを指摘したところで、

「私はちゃんとやりましたよ。誰か別の人が後で入力ミスをしたんじゃないですか?」

「とにかく、私のせいじゃありません」

などと言い訳をして、自分を正当化しようとするのが関の山です。

タイプ1

「自己正当化」タイプ

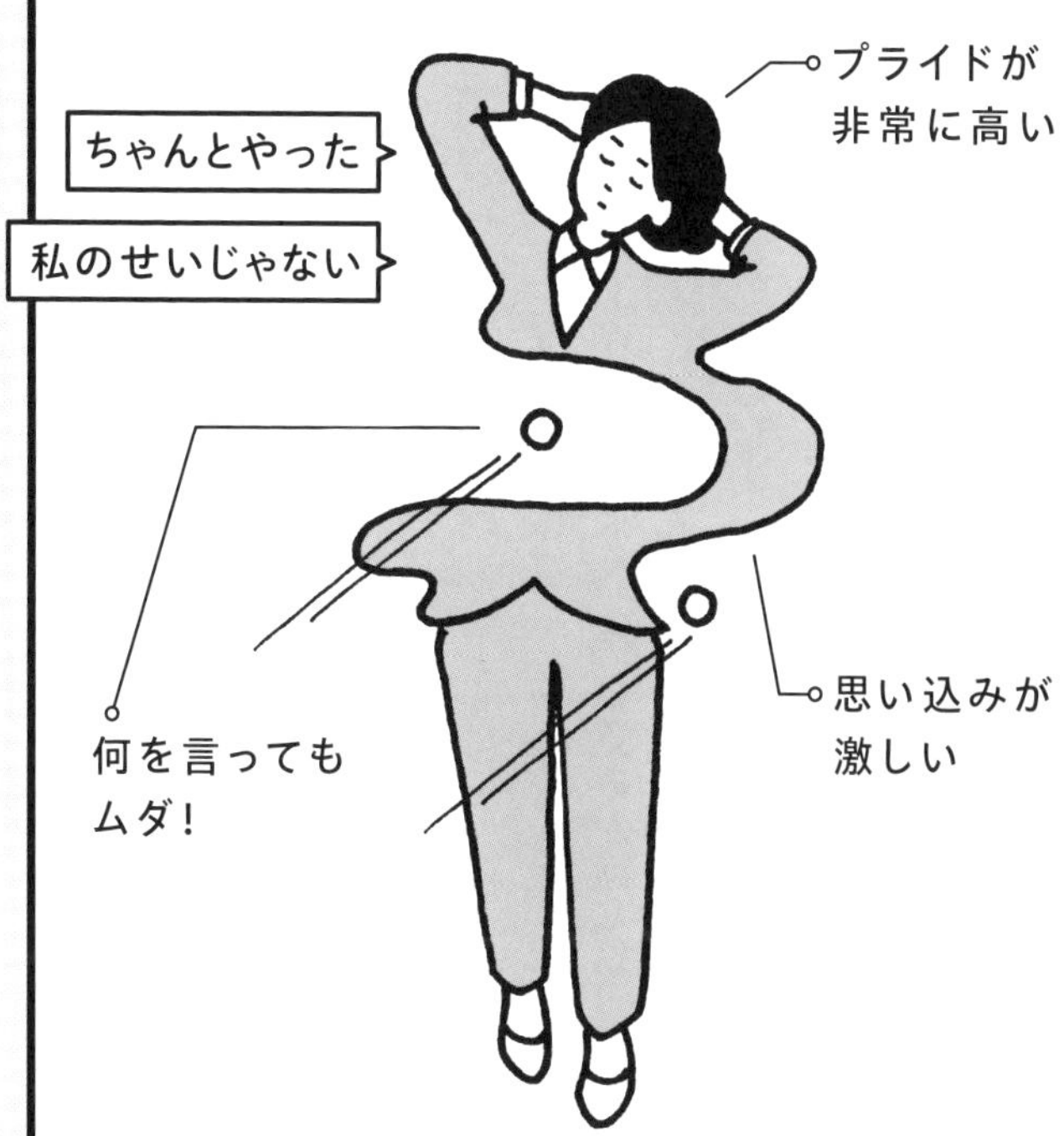

特徴

悪いのは「他人のせい」

このタイプの思考法は、極端に言えば、「こんなに一生懸命にやっている私は悪くない」というもの。

自分を正当化することにかけては、7タイプの中でも随一です。

職場で身近にこんな人がいたら、仕事がうまく回らなくなり、毎日、不愉快な思いをすることは確実です。

このタイプの人を何度も見てきましたが、「自分は悪くない」という点に関しては一切の迷いがなく、すがすがしいほどです。

なぜそこまで自信をもって、「自分は悪くない」と言い張れるのでしょうか?

まず、このタイプは**プライドが非常に高く、思い込みが激しい**点が特徴です。

自分が認めていない相手を見下す傾向があり、その相手からの意見にはけっして取り合おうとしません。間違いを指摘されても、絶対に認めずに、「そっちが悪いに決まっている」と決めつけようとするのです。

因果関係から言うと、「失敗するような仕事を振ってきた相手が悪い」といったところから始まりますから、「自分は悪くない」「すべて他人が悪い」は本人としては成立するわけです。

不倫をした夫が「俺に不倫をさせるおまえが悪い」と妻に開き直るケースがよくありますが、まさに同じ発想です。

また、視野が狭く、思い込みが激しいため、全体を俯瞰したものの見方、考え方が苦手です。近視眼的に見たり考えたりする傾向があるため、自分の過ちにすぐに気づくことができず、本気で他人が間違っていると思い込んでしまうのです。

だから、**正々堂々と「私は間違っていません」と主張**するのです。

このタイプが上司だとしても、同僚や後輩だとしても、とにかくやっかいです。

ミスを指摘した側は、言いようのないモヤモヤ感を覚えるはずです。

職場で同じような経験をした人も多いのではないでしょうか?

タイプ1の対策 「条件つき」で相手を認める

「自己正当化」タイプはプライドが高く、自分は絶対に悪くないと思っているため、**責めるのは逆効果。**責めるような言動をすれば、即座に猛反撃が返ってきます。

このタイプには、ずばり「**条件つきで認める**」という方法が効きます。

いきなり間違いを指摘するのではなく、「あなたの立場からすると」という条件つきで、まずは相手を認めてあげるのです。そのうえで、こちらの意見をやんわりと伝えてあげると、反発心をあおることなく、意外なほど素直に聞いてもらえます。

たとえば、冒頭で紹介したスケジュール表の入力ミスを指摘するとしましょう。

「あなたの立場で考えれば、別の人が入力ミスをしたということになりますね」

などと、まずは、条件つきで相手の意見を認めます。そのうえで、

「でも、あなたが確認をし忘れた可能性だってありますよね」

と、やんわりと、相手がミスをした可能性について指摘をするのです。

このひと手間をかけるだけで、相手の反応はまったく変わります。いったん自分の意見が認められたことで警戒心が薄れ、素直に意見を聞くことができるわけです。

また、このタイプとは言い争いになることが少なくありません。ムダな争いを避けるためにも、自分が指示した内容や相手が言った内容を「**メモしておく**」のです。

相手がなかなか非を認めない時は、メモ帳を開いて、

「ほら、ここにちゃんと書いてありますよ」

などと証拠をつきつけると、さすがに言い逃れはしづらくなるようです。

タイプ 2

自分の「思い通り」にしたい

「自己中」タイプ

「自分の思い通りにしたい」という「自己中」タイプは、モラハラの典型例です。

このタイプの人は、とにかく**自分の意見を一方的に押しつけてきます。**

いかにも圧の強い「強情タイプ」もいれば、表面的には人当たりのよさそうな「ソフトタイプ」もいます。

「強情タイプ」は、「私が正しい」「俺の言う通りにしていれば間違いない」などと言って、とにかく自分の意見や主張を曲げません。

一方、「ソフトタイプ」は、「私も同感です」「ご意見の通りだと思います」などと、いったんは理解や譲歩する姿勢を見せるものの、他人の意見をのらりくらりとかわして、最終的には「でも……」と自分の意見を押し通します。

両者に共通するのは、超がつくほど「頑固」なこと。それも、いい意味での頑固ではなく、「**自分の意見を周囲に押しつけようとする**」から、やっかいなのです。

つねに自分の意見が正しく、他人の意見を受け入れようとしないのが特徴です。

こちらが反論しようものなら、ネチネチと執念深くまとわりついてきて、けっしてあきらめようとしないため、**関わるとものすごく面倒**なことになります。

自分の言い分が通らないと、いかに相手の考えが間違っているかを力説します。

自分の意見を曲げることは「負け」だとすら思っているのです。

周囲の人は「反論をすると面倒だから、我慢すればいいや」という発想になってしまい、表面的には同調しますので、結果としてますます増長させることになるのです。

最近は、他人の意見に「すごくいいと思うよ、でも……」といったん肯定するふりをしながら、**最終的には否定する「ソフトタイプ」が増えてきた**ように思います。

いきなり否定されるよりはマシかもしれませんが、最終的に相手を否定する結論は変わりません。

結局のところ他人の意見に聞く耳を持ちませんし、自分が最優先で、他人を認めていないのです。そういう意味では、「悪いのは他人のせい」というタイプ1の「自己正当化」タイプの進化系とも言えます。

タイプ 2
「自己中」タイプ
俺様の
言う通りに
していれば
いいんだ
超頑固
意見を
押しつけるのが
得意
関わると
ものすごく面倒
特徴
自分の「思い通り」にしたい

タイプ2の対策

「反論」しない。「前向きな気持ち」を伝える

「自分の思い通りにしたい」という典型的なモラハラタイプは、自信のない弱い面があります。彼らの心の奥底には、「自分には人望がない」「失敗したらどうしよう」というマイナスの感情が隠されていることも多いのです。

見かけと違い、**意外と内面は弱くてもろいため、崩すのは難しくありません。**

けっして他人に見せようとはしませんが、タイプ2の「自己中」タイプは、思い通りにならないと不安でしかたがなくなるのです。その恐怖から解放されるために、他人を支配しようとしている側面があります。

とはいえ、正面から言い返すのは得策ではありません。

なんと言っても、相手は他人の意見に聞く耳を持たない「超頑固」なくせ者です。その相手に正面から言い返せば、相手の感情を逆なでして、手痛いしっぺ返しを受けるかもしれません。

ここは頭を使い、正面から向かっていくのではなく「**ユーモアで切り返す**」という

方法がおすすめです。相手にネガティブなことを言われても、まったく気づかないふりをして、明るくポジティブに切り返すのです。たとえば、

「もっとできると思ったけど、期待はずれだな」

と言われたとしても、感情的にならずに、

「今はできませんが、頑張ります。1年後に期待してください!」

などと笑顔で言ってみるのです。

こうすれば、相手を正面から否定することなく、前向きな言葉でやんわりと相手のネガティブ発言を否定することができます。

ただ、相手のひどい発言にショックを受けてしまい、すぐに明るくポジティブに切り返すことができない場合もあるでしょう。

そんな時は、ムリに明るくポジティブに切り返す必要はありません。

「そんなふうに言われて悲しいです……」

などと、**自分の感情や気持ちを伝えるだけで十分**です。

なんでも自分の思い通りにしたいタイプに対しては、「けっして思い通りにはならないぞ!」という意思を少しでもいいので表明することが大切なのです。

タイプ3

「もっとほめて！　もっと認めて！」

「かまってちゃん」タイプ

どの職場にも、いわゆる「かまってちゃん」タイプは多数存在します。

過去の成功体験を大げさに自慢してくるタイプもいれば、「こんなに頑張ってる」「こんなに大変」などと、自分を猛アピールしてくるタイプもいます。

私を「もっとほめて！　もっと認めて！」と、「自己愛」と「承認欲求」がことさら強い「かまってちゃん」――それがタイプ3の特徴です。

「自己愛性パーソナリティ（人格）障害」という言葉を聞いたことはありますか？

自己愛に対する捉え方が歪んでしまい、自分は優秀で特別な存在などと思い込んでしまうのが特徴です。**ほめられたい、愛されたい、注目されたい**、という気持ちが強く、**他者からの評価を人一倍気にします**。

そこまではいかなくても、自己愛や承認欲求が強いタイプは数多くいます。

タイプ3

「かまってちゃん」タイプ

特徴

「もっとほめて！　もっと認めて！」

あなたの周囲にも、会話のキャッチボールができず、気づけば自分の話をする人がいませんか？　たとえば、次のような会話が繰り広げられます。

「君はA大学の経済学部だったね、B教授は知っているかい？」

上司からそう話を振られ、自分の学部に興味をもってくれたのかと思い、

「はい！　じつはB教授は僕のゼミの教授で……」

と意気揚々と答えたところ、

「そうか、B君とは同期でね、僕のほうが成績は良かったから大学院に残らないかと打診を受けたんだが断ったんだよ。社会に出て実力を試したかったし、自信があったからね。それで代わりに彼が院生として推薦されたっていうわけなんだ。実際のところ年収も圧倒的に僕のほうが高いし……」

最初のセリフは、自慢話にもっていくためのただの振りだったことがわかります。

さらに悪いことに、このタイプは**部下の手柄を平気で横取り**します。承認欲求が強いため、手柄を横取りしても何ら罪悪感を抱かないのです。

私にも経験があります。複数かつコワモテな相手と示談をしに行った時に、席上でまったく発言をしなかった上司が、示談がまとまった後になって、「俺の手柄だ！」と言いだした時には、唖然としました。

彼らの承認欲求は、「もっともっと」と止まるところを知りません。とにかく、ほめられないと気が済まない人たちなのです。

複数人の会話の中で、まったく話を振られなかったりすると、目に見えて不機嫌になる人もよくいます。不機嫌さを隠そうとしない人や、不機嫌になっている自分をアピールする人は、まさにこの「かまってちゃん」タイプなのです。

タイプ3の対策 「相手が聞きたい言葉」を言ってみる

「かまってちゃん」タイプの対策は、簡単と言えば簡単です。少しモヤモヤするかもしれませんが、相手の**承認欲求を満たしてあげればいい**のです。

最もシンプルなのが、「ほめ言葉」です。

たとえば、上司が新製品の開発に成功した時の話をしだしたら、

「さすが目のつけ所が違いますね」「すごいアイデアですね」「よく思いつきましたね」
などと、彼ら彼女らが**最も言ってほしいことを、一言でほめてあげる**のです。

なかには、思ってもいないことを言うのは嫌だという人もいるでしょう。

気持ちはわかるのですが、このタイプに対して、「仕事を頑張っているのはあなただけではないですよ」とか、「あなたの手柄ではなく、○○さんの力が大きかったと思います」と正論を言っても、時間のムダ、ナンセンスです。

相手は「ほめて！　ほめて！」とねだってくる子どもだと思って、ここは大人になることが一番の解決策だと割り切りましょう。

どうしてもほめるのが嫌な人は、相手に「**教えを乞う**」という方法もおすすめです。

「どうすればそういう発想ができますか？」「どうすれば新製品を開発できますか？」
などと、相手が自慢したいことを、逆に質問してみるのです。それだけで、相手の承認欲求を十二分に満たすことができます。

それでも延々と自慢話が続いて、貴重な時間を奪われるのを阻止したい場合、さりげなく「話題を変える」ことも必要でしょう。くわしくは、3章以降のケーススタディでご紹介します。

タイプ 4

ストレスは「他人にぶつけてしまえ」

「八つ当たり」タイプ

ストレスをため込んで**他人に八つ当たりする人**は、どの職場にも必ずいます。

家庭のストレスを職場に持ち込む人、あるいは、職場でのストレスを家庭に持ち込み、それがモラハラやＤＶを引き起こす原因となっている人……。

ストレスを発散する場が「職場」なのか「家庭」なのか——それはつまるところ、どちらに「いい顔」をしたいかで決まります。ストレスのはけ口にされる側は、要は**「なめられている」側**だということです。

私が相談を受けた中でも、家庭では妻に頭が上がらず、何かと我慢を強いられる腹いせに、部下をいびったり、いじめに加担したりする人の話をよく聞きます。

最近は、義理の両親との折り合いが悪かったり、介護問題で疲れていたりして、他人に当たる人も増えているようです。

ちょっとした文字の変換ミスをことさら責め立てたり、別の部署の同期の名前を挙げて「負けないように頑張れよ、かなり差をつけられてるゾ」と言ってみたり。

ひどい場合には、1人だけをターゲットにして、厳しく当たることもあります。

完全な八つ当たりですが、されるほうはたまったものではありません。

競争が激しく、ちょっとしたミスが失点とされるような環境では、たえず高ストレスにさらされます。そのせいか社員同士で、足の引っ張り合いが起こりがちです。

私の知り合いの有名企業の課長は、引き出しに鍵をかけないと絶対に帰らないそうです。鍵をかけ忘れた時はいてもたってもいられずに、帰宅していても鍵をかけるためだけに1時間もかけて会社に戻るといいます。

というのも、重要書類をシュレッダーにかけられて足を引っ張られたことがあり、その時に会社の人間は誰も信用できないと、肝に銘じたとのことです。

この話は極端な例だとしても、ストレスから部下にきつく当たったり、嫌味を言ったりする嫌な人は数多く存在します。八つ当たりされた部下もストレスがたまりますから、今度は**より弱い立場の人に八つ当たりをする**という悪循環が始まります。

タイプ 4

「八つ当たり」タイプ

特徴

ストレスは「他人にぶつけてしまえ」

自分なりにストレスを発散する方法をもっておかないと、誰もが八つ当たりをする嫌な人になりかねませんので、注意が必要です。「明日は我が身」かもしれないのです。

タイプ4の対策 あえて「同じ土俵にあがらない」

「ストレスは他人にぶつけてしまえ」という八つ当たりタイプには、前出の私の知人のように、相手につけこまれる「落ち度をつくらないこと」が重要です。

相手にささいなミスをしつこく追及されて、「そこまで言わなくても……」と不満に思ったとしても、ミスはミスです。「この上司から頼まれた仕事は完璧にする！」くらいの気概をもって仕事に取り組みたいところです。

そのうえで、八つ当たりをされるのは、「こいつに八つ当たりをしても文句を言わないだろう」と、相手からなめられていることは明白です。

そんな相手に対しては、ただ我慢するのではなく、「理不尽な仕打ちには黙っちゃいませんよ」という**毅然《きぜん》とした態度を見せる**ことが重要です。

つねに反抗的な対応をするのではなく、ここぞというタイミングを見計らって牙をむくのがポイントです。

まず、このタイプに遭遇したら、けっして「**同じ土俵にあがらない**」こと。所詮、ストレスが原因の八つ当たりにすぎません。まともに相手をするのではなく、

「**落ち着いて話をしましょうよ**」

と、あえて上から目線で言ってみたり、

「**客観的な観点から話をしませんか？**」

などと言って話の争点をずらしてあげると、相手は行き場を失い、冷静さを取り戻しやすくなります。

それでも相手がしつこく攻撃をしてきた場合にはじめて、「**単刀直入に切り込む**」といった方法を取るのです。

「**これって八つ当たりですよね**」と自分の気持ちを率直に言葉で表してください。まさにその通りのことを指摘されるわけですから、相手は言い返す言葉を失い、そそくさと退散することになるに違いありません。

実際、「単刀直入に切り込む」という方法で、ストレスによる八つ当たりから解放された人はたくさんいます。しつこい相手には、ぜひ、試してみてください。

タイプ5

「他人のミス」は絶対に許せない

「完璧主義者」タイプ

他人のミスは絶対に許せない——。

もし、上司が「完璧主義者」タイプだとしたら、部下は相当苦労をしそうです。

完璧主義というくらいですから、このタイプには優秀で、仕事ができる人も少なくありません。

ただ、自身の完璧さを追い求めるだけならいいのですが、それを**他人にも押しつけて、完璧さを要求するから困ってしまう**のです。

重箱の隅をつつくように他人のミスを探し、ミスを発見しようものなら、鬼の首を取ったかのように、**ネチネチと責め立てる**ことが特徴です。

たとえ、相手が素直に謝ったとしても、

「なんでこんなミスをするのかなあ。僕にはわからないな」

タイプ5

「完璧主義者」タイプ

特徴

「他人のミス」は絶対に許せない

などと嫌味を言い、相手をコテンパンにやっつけようとするのです。

他人のミスを発見し、責め立てることで、優秀な自分を再確認したり、優越感に浸ったりするのでしょう。

このタイプは、「優秀な自分VS優秀ではない他人」という構図でものを考える傾向があります。

「自分は仕事ができる」「自分は完璧」「他人は仕事ができない」と、周囲を見下して、自分のやり方が最良だという固定観念で凝り固まっているのです。当然、他人の良いところや個性を認めようという姿勢は見られません。

要するに、自分を「過剰評価」して、他人のあら探しをする、**度量の狭い「ちっちゃい人」**と言えるでしょう。

タイプ5の対策 「教えを乞うふり」をして質問攻め

残念ながら、完璧主義者の性格を変えることは難しいです。もし、このタイプにミスをネチネチと責め立てられたとしても、あまり気にしないことです。

先ほども述べたように、他人のミスを発見し、責め立てることで、優秀な自分を再確認したり、優越感に浸ったりしているだけだからです。

要は、「自分に酔っている」のです。

このタイプにネチネチと責め立てられたとしても、軽く受け流しましょう。うなだれた様子で神妙に話を聞いているふりをしつつ、**心の中で舌を出して、軽く受け流す**くらいが、あなたの心を守るにはちょうどいいのです。

また、もう少し能動的に働きかけ、相手をぎゃふんと言わせる方法もあります。

完璧主義者といっても生身の人間。そもそも、完璧な人間なんてこの世に1人もいません。

ですから、教えを乞うふりをして、いろいろと質問攻めにすると、必ずボロが出ます。相手が知らないことが出てきたら、

「あれ、意外ですね」「当然、ご存じだと思っていました……」

などと、やんわりと指摘をして、**ちょっとした意趣返しをする**のです。

少し意地悪な方法ですが、完璧主義者のしつこい攻撃をかわすには、これくらいしても問題はないでしょう。

タイプ6

あいつより「自分のほうが上」

「嫉妬メラメラ」タイプ

ある意味、「嫉妬」のかたまりが、一番、面倒なタイプかもしれません。

というのも、他人に対する**「ひがみ・そねみ」は、他人を攻撃する要因**となる非常にやっかいで複雑な感情だからです。

自分でも気がつかないうちに、嫉妬から他人を攻撃していることもあります。

このタイプの人は、**とにかくマウントを取りたがります。**

マウントを取る——つまり、「マウンティング」とは、相手よりも自分のほうがポジションや社会的地位が上であるということを、威圧的な言動等によって相手に認識させることです。

このタイプは他人の評価がすべてで、**他人より優位に立つことで安心する**のです。

一番わかりやすいのは、学歴や親の職業によるマウンティングでしょう。

タイプ 6

「嫉妬メラメラ」タイプ

特徴

あいつより「自分のほうが上」

また、結婚していないとか、子どもがいないない、いたとしても兄弟姉妹がいないない、などといったこともマウントを取られる材料になります。

ほかにも、結婚相手の学歴や職業もマウントを取る材料になりますし、優秀な子どもがいるとか、有名な学校に入学したといった事実があれば、天下を取ったかのようになる人もいます。つまり、他人を見下すことでストレスを発散し、**狭い世界での「格づけ」**をしているのです。

私の知人の職場では、バレンタインデーに夫や彼氏が何個チョコレートをもらったかが競われるそうです。夫や彼氏がどんなスペックを持っているかが重要で、高スペックの夫や彼氏がいる女性は、尊敬の対象になることもあるそうです。

逆に、うらやましさが高じて、嫉妬やねたみに変わり、嫌がらせをされることもあります。

職場では、同僚からの嫉妬もよくあります。スタートラインが同じだけに、嫉妬の感情がわきやすいのかもしれません。友達のふりをして足を引っ張ったり、さりげなくネガティブな発言をしたりします。

同僚に気を許して、つい、「同じ課のCさん、ちょっと苦手なんだよね……」と愚痴を言ってしまったところ、その同僚がCさんに告げ口したという話もよく聞きます。

タイプ6の対策

まともに取り合わない。受け流す

「嫉妬メラメラ」タイプの対処法としては、足元をすくわれないように注意すること。プライベートの話をしてみたり、自慢話をしたりすることは控えましょう。

社内の人には余計なことをぺらぺらと話すのではなく、**「秘密主義」を通す**のです。極端なことを言えば、あなたのプライベートなことや自慢話を一緒に喜んでくれるのは、身内か親友くらいのものです。

うまくいっている時ほど謙虚に行動し、調子が悪い時には絶好調のふりをして自分を鼓舞するのがバランスとしてちょうどいいのではないでしょうか。

また、嫉妬深いこのタイプは、上司の前でわざと言わなくてもいいことを暴露して、足を引っ張ろうとします。

「こう見えて、彼は酒癖が悪く、この前も友達に絡んで大変だったんです」

などと、ネガティブな情報を上司に聞かせて、相手を貶《おとし》めようとするのです。

相手が足を引っ張ろうとする原因は、嫉妬にあります。まともに取り合うのは時間と労力のムダです。ここは、

「あ、そうなんだ！　そんなふうに思ってたんだね！」

などと、**軽く受け流すのが頭のいい切り返し方**です。

また、その応用として、さりげなく「話題を変える」方法もおすすめです。

「それはそうと、今ふと思い出したのですが、今日のニュース見ました？」

「それはそうと、明日は花粉がすごいそうですよ」

などと、突然、まったく関係のない話を思い出したふりをして、そちらに関心が向くようにするのです。相手は「突然、何を言い出すんだ」などといぶかしがると思いますが、それが狙いです。

詳しくは3章以降で紹介します。嫌な人全般に有効な方法なので、身につけておいて損はないですよ。

タイプ7

「弱い者いじめ」大好き

「サディスト」タイプ

誤解を恐れずに言えば、いわゆる「お局さま」や、中間管理職の「オジさん」に多いのが、この「サディスト」タイプ。立場の弱い派遣社員やアルバイトにきつい態度を取ったり、女性社員を年齢や容姿で露骨に差別することが特徴です。

以前よりもセクハラやパワハラは少なくなりましたが、まだ完全になくなったわけではありません。元来の**サディスティックな性格**から、弱い者いじめを好む人もいるのです。安心はできません。

派遣先の中間管理職から弱い者いじめを受けたDさんの例をご紹介しましょう。

30代女性のDさんは派遣社員として、地方銀行の営業部の事務方の仕事をすることになりました。ほとんどが女性社員で、男性は課長と50代のEさんの2人だけ。じつは、このEさんが「弱い者いじめ」大好きの典型的なサディストタイプだったのです。仕事の割り振りはEさんの担当で、Dさんには正社員の2倍近くの仕事が割り振られました。当然、Dさんの仕事は時間内に終わりません。

困ったDさんは、慣れるまで仕事量を減らしてもらえないかお願いをしました。しかし、Eさんからは、「業務命令ですよ」「派遣なんだから文句言わずにやってください」と冷たくあしらわれたそうです。

ちなみにEさんは、課長と正社員の女性たちには、あからさまに媚びる態度を取っており、Dさんをはじめとする派遣社員に仕事を余計に押しつけているようでした。

その後、3カ月ほど経ち仕事にも慣れたDさんは、正社員の倍の量をこなすようになりました。以前はあんなに高圧的で嫌味ばかり言ってきたEさんが、最近はDさんにも愛想を振りまくようになり、その点だけは痛快な気分になるそうです。

タイプ7の対策 「面倒な人キャンペーン」が有効

強い者には巻かれ、弱い者は徹底的にいじめるというタイプは珍しくありません。

タイプ 7

「サディスト」タイプ

特徴

「弱い者いじめ」大好き

このタイプにはDさんのように仕事で実力を認められ、文句を言わさないようにするのも1つの手です。「弱い立場」から「強い立場」になってしまえばいいのです。ただ、現実的にはそれほど簡単ではなく、Dさんの例は珍しいケースかもしれません。とはいえ、あきらめてはいけません。

このタイプには、ずばり**「面倒な人になるキャンペーン」**という方法が効きます。

弱い者いじめは、いじめても文句を言わない人に向く傾向があるのは、もうおわかりですよね。ですから、その反対の「いじめたら文句を言う人」「面倒な人」になって、相手をぎゃふんと言わせてしまえばいいのです。

ゲーム感覚でいいので、いじめられたり、嫌がらせをされたりした時は、

「これって、いじめですよね？」

「モラハラじゃないですか？」

などと、一言だけ嫌味を返すキャンペーンを始めてみましょう。**「泣き寝入りはしませんよ」という意思を示す**のです。

また、弱い者いじめをする人には、けっして動揺したり、傷ついたりしている姿を見せてはいけません。相手は動揺したり、傷ついたりしている姿を見て喜ぶサディス

ティックな性格の持ち主だからです。

このタイプには、何を言われても「それが何か？」といった表情を浮かべながら、**平然としていることが効果的**なのです。

もし、立場的なことが原因であれば、弱い者いじめをしている人の直属の上司に相談してみましょう。直属の上司があてにならない場合には、その上の上司か人事部にかけあうことも視野にいれてもいいかもしれません。

それでも効果がない場合は、**思い切って「反撃」**に転じましょう。

「このことは部長や担当役員に直訴しますので」

「人事や裁判所の判断を仰ぎます」

などと、覚悟を決めて宣言するのです。

得てして、弱い者いじめをする人は、自分も弱い立場にあることが多いです。

機転のきいた切り返しや適切な方法を取れば、すぐに効果が出るケースもあります。

けっしてあきらめず、粘り強く戦っていきましょう。

職場の嫌がらせの「2つのパターン」を知る

どうでしたか？　あなたの職場にも「7つのタイプ」に当てはまる嫌な人がいるのではありませんか？

「職場の嫌がらせ（大人のいじめ）」には、大きく分けて2つのパターンがあります。

1つは、怒鳴ったり、嫌味を言ったり、人前でバカにしたりする「**積極パターン**」。

もう1つは、無視したり、仲間はずれにする「**消極パターン**」です。

最近はハラスメントに対する世間の厳しい目もあって、「積極パターン」のあからさまないじめは減り、ばれないように小バカにする事例が増えています。

たとえば、本人に直接言わずに、他人に言っているように見せかけて侮辱したり、これみよがしに「はあーー」と大きなため息をついて、無言のプレッシャーを与えてみたり……。

人によって露骨に態度を変える人もいます。よくいるのが、すぐに言い返してくる人には何もせず、黙って我慢する人だけをターゲットにする人です。また、容姿や年齢についてそれとなく差別をしたり、コネ入社組を贔屓《ひいき》したりする人もいます。

一方で、最近とみに増えているのが「消極パターン」のいじめです。

よくあるのは、**「陰口」「無視」「仲間はずれ」**です。

職場の多くは、いまだに前時代的な村社会の名残が残っています。嫌がらせをする首謀者がいて、指揮をとっていることも珍しくありません。「他人の不幸は蜜の味」というように、みんな悪口や噂話が大好きで、他人に興味津々なのです。

新しい部署でわからないことを質問しようにも、聞きにくい雰囲気で仕事にならないこともあります。

まだ一度も会話したことがないのに、「嫌われている」こともあります。

「一度も会話したことがないのに」、です。信じられませんよね。

ほかには、会話に入っても、話は一切振られず、知らない話題を延々とされたり、存在を認められず、透明人間のように扱われたり……。

仲間はずれのケースには、「会議の連絡をしない」「会議の資料を配らない」といったように、仕事の情報を共有せずに、孤立させるパターンが多いようです。

もっと低次元の嫌がらせになると、「お菓子はずし」というものもあります。お客様からいただいたお菓子や、旅行のお土産で買ってきたお菓子を、1人だけ配らないという陰湿なものです。

旅行のお土産で買ってきたお菓子は、買ってきた本人が配ることも多いので、お菓子はずしをしやすいと言えます。

私自身も新入社員の時に「お菓子はずし」をされたことがあります。今となっては懐かしい思い出ですが、当時は本当に傷ついた記憶があります。

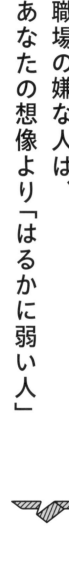

職場の嫌な人は、あなたの想像より「はるかに弱い人」

なぜ、彼ら彼女らは、「嫌がらせをせずにはいられない」のでしょうか?

「7つのタイプ」にも登場したように、ストレス、短気な性格、自己愛や承認欲求の強さ、嫉妬やねたみ、トラウマ……など、理由はさまざまです。

1つ言えるのは、**嫌がらせをするような人に、幸せな人はいない**ということです。

他人に嫌がらせをせずにはいられないような人とは、自身も「現状に満たされない不満」や「将来に対する不安」を抱えている人なのです。

その不満や不安に自分で対処することができずに、他人に嫌がらせをすることで気を紛らわせている、いわば「精神的に弱い人」だとも言えるでしょう。

嫌がらせをする人は、むしろ「**想像より、はるかに弱い人**」なのです。

そのことを肝に銘じておいてください。

必要以上に恐れる必要はないことがわかります。

どんなに華やかで幸せそうに見えたとしても、他人を攻撃したり、嫌味を言ったりする人は、「心に闇を抱えている」のです。

幸せとは、容姿や財力で決まるものではない、ということがわかると思います。

ただ、彼らは「ほかの人にはわからないように」嫌がらせをしてきますし、集団になると強くなることも事実です。そのような人に「話せばわかる」は通用しません。

世の中には「**絶対にわかり合えない人間もいる**」ことを心にとめておきましょう。

次の章では、職場の嫌な人に対して、どのような心構えで接するといいかをお伝えしていきます。

「職場の嫌な人」に対する「心の護身術」です。

「自分が悪いのかもしれない」「自分さえ我慢すればいい」

こうした、**「自分を犠牲にする考え方」は、今すぐやめましょう。**

泣き寝入りをしている場合ではありませんよ！

2章

職場の嫌な人に絶対負けない「心」のつくり方

まずは、「心の護身術」で心を強くしよう

1章では、「職場の嫌な人」を7つのタイプに分けて解説しました。

「嫌な人」の特徴や考え方が浮き彫りになると、対策が立てやすくなり、必要以上に怖がらなくてもいいことがわかったでしょう。「職場の嫌な人」を嫌ったり煙たく思うだけでなく、ぜひ、「どのタイプに当てはまるか？」を考えてみてください。

2章では、「職場の嫌な人に絶対負けない心のつくり方」をお伝えしていきます。実際のケースで使える「言葉の護身術」は、この後の3章から5章で紹介していきます。2章では、その前段階である**「言葉の護身術」を使いこなすうえで基礎となる心構え**、いわば「**心の護身術**」を紹介します。

せっかく「言葉の護身術」を覚えたとしても、心に余裕がなければ、相手の攻撃に即座に反応することはできません。気持ちが負けたままの状態では、相手の攻撃をか

わすことも、受け流すことも、反撃することもできないのです。
必要なのは、10の心の護身術です。

心の護身術1 とっさの時は「大きく深呼吸」
心の護身術2 事前に「シミュレーション」
心の護身術3 「心のバリア」をつくる
心の護身術4 嫌な人に「あだ名」をつけてみる
心の護身術5 嫌な人を「気にしない練習」
心の護身術6 職場の人とは「適度な距離」をとる
心の護身術7 「いい人」をやめる
心の護身術8 自分で「自分をほめる」習慣
心の護身術9 「しつこい人」になる
心の護身術10 嫌なことは「嫌です」と言う

これから順を追って説明していきます。

心の護身術 1

とっさの時は「大きく深呼吸」

朝、オフィスに着いた直後、**突然、上司から叱責された**経験はありませんか？

私は、人生の中で2度ほど、そんな経験があります。

東京の会社で総合職として勤務していた時の話です。

お昼休みに職場の友人らと一緒においしいと話題のランチに行き、談笑しながらオフィスに帰ってきたところ、いきなり上司から怒鳴りつけられたのです。

「こんないいかげんな資料を出してきて、いったいどういうつもりだ⁉」

上司は、私が午前中に提出した書類を机にたたきつけるように置きました。

職場の人は固唾《かたず》をのんで上司と私を見守っています。

私は今でこそ、何を言われても平然としている自信がありますが、もともと涙腺が弱く、いきなり非難されたら言い返す前に涙目になってしまうタイプの人間でした。

その時も何が悪いのか聞くことすらせずに、涙声で震えながら、「申し訳ありませんでした……」と言うのがやっとで、いわば戦う前から白旗を上げている状態です。

結局、上司が指摘したミスというのは、上司が指示をし忘れていただけでした。

おいしいランチではしゃいでいたのも、上司の癇《かん》に障ったのかもしれません。

今では完全にパワハラに該当すると思いますが、当時は「ハラスメント」という言葉すら聞いたことがありませんでした。いきなり怒鳴りつけられるまではいかなくても、不意打ちに近い形で叱責を受けた経験は誰しもあるのではないでしょうか?

そんな場合、焦ってやみくもに行動するのは禁物です。

「不意打ち攻撃をされた時」に即座に対応する心の護身術をご紹介します。

相手から不意打ち攻撃をされた時、ほとんどの人は驚きのあまり心臓がバクバクとなり、何も考えられなくなります。頭に血が上り、顔が紅潮し、冷や汗が出て、脈拍が上がります。自分ではコントロールできない体の反応で、止めようとすると、ますます体は言うことをきかなくなります。

何か言おうとしても上ずった声しか出ません。

そんな時、真っ先にやるべきことは、ずばり「**大きく深呼吸する**」こと。

パニックになり、視野が狭くなっている自分を落ち着かせるのです。

深呼吸をするうちに、脳に十分な酸素が送られ、徐々にパニックがおさまっていきます。すると、脳が働き始め、気持ちが落ち着いていくのです。

脳が働き始めて、やっと相手からの攻撃に対し、どのように対応すべきかを考えることができます。

落ち着くまでに何分かかろうと構いません。相手が何を言おうが、自分の深呼吸の音のみに集中してください。自分の呼吸を整えることにベストを尽くすのです。

その間は、**一切言葉を発することなく、沈黙**を貫きます。

慌てている状態で言葉を発しても、何のメリットもありません。

相手がまくし立ててきても、けっして応じず、「沈黙＋深呼吸」を死守しましょう。

そうして、はじめて相手に対峙する準備が整うのです。

「まずは深呼吸」――たとえパニックになっても、このことだけは思い出せるように肝に銘じておきましょう。

心の護身術 2

事前に「シミュレーション」

昔は「男子、家を出《い》ずれば7人の敵あり」と言われました。

今は男性も女性も関係なく、家の外は嫌な人が待ち受ける「戦場」です。

嫌な人の攻撃は、予告なしで突然やってきます。

頭が真っ白になり、言葉がすぐに出てこず、「なぜあそこで言い返せなかったのか」と後悔しないように、あらかじめ準備をしておくことが大切です。

私の知るかぎり、何の準備もせずにとっさに言い返す能力がある人は、ほんの一握りです。ほとんどの人はとっさに言い返すことなどできません。

それなのに、多くの人が「自分は頭の回転が遅いからすぐに言い返せない」などと嘆くだけで、何の準備もしないまま、無防備に攻撃を受けているのです。

準備さえしっかりすれば、どんな人でも、嫌な人の攻撃をかわせるようになります。

準備することの大切さをぜひ、わかっていただきたいと思います。

3章以降でご紹介する「言葉の護身術」を参考にして、使えそうなものをいくつか覚えておきましょう。

効果的な言い返し方や対処法を覚え、頭の中でシミュレーションをすることもおすすめです。それだけで嫌な人から突然攻撃を受けた場合でも、パニックにならずに、余裕をもって対処できるようになります。

ちなみに、私がよく使っている即席で効果のある方法をご紹介しましょう。

たとえば、上司から突然、

「こんないい加減な資料を出してきて、いったいどういうつもりだ!?」

などと怒鳴りつけられた場合。

まずは「深呼吸」をして、意識的に「涼しい顔」「平気な顔」をすること。心臓がバクバクしていても、案外他人にはわからないものです。

その間、言葉は一言も発してはいけません。**「沈黙」を味方につけて、相手に動揺を悟らせない**ことが大切です。

しばらくして落ち着いた声が出せるようになったら、

「確認しますので、少しお時間をいただいてもよろしいでしょうか？」

「事情はわかりました、持ち帰って検討をします」

などと言って、**時間稼ぎをしつつその場をしのぐ**のです。

裁判では、まったく想定外のことを突然、相手の弁護士や裁判官から追及されることがあります。

慣れないうちは、「ちょっと今はわかりません」とか「依頼者から聞いてなくて……」などと冷や汗をかきながら弁明したものです。焦るあまり不用意なことを言うと、相手の弁護士や裁判官からは「あー、わかってないんだな」とか「そこをつかれると困るんだな」などと思われてしまいます。

ですから、相手からどんなことを言われても、まったく表情に出さずに、「確認します」または「持ち帰って検討します」とだけ言って、その場をしのぐことに全力を尽くすのです。これさえ覚えておけば、何とかなります。

当たり前のことと思われるかもしれませんが、実際に使ってみると思った以上に効果がありますので、改めて紹介させていただきました。

心の護身術 3

「心のバリア」をつくる

「心のバリア」をつくれば、嫌な人の攻撃から自分を守ることができます。

自分の周りに見えない壁を築くことで、「**他人の言動に左右されない自分**」をつくるのです。

ただ、誤解のないように言っておくと、「人間関係をシャットアウトするわけではない」ということ。

仕事を円滑にするためには、コミュニケーションが必要不可欠です。協力してくれる人が多ければ多いほど、やりやすくなるのが仕事というものなのです。

「とっつきにくい人」とか、「人との関わりを拒絶している人」などと思われてしまったら、仕事に悪影響が出ないともかぎりません。

私の言う「心のバリア」とは、人間関係をシャットアウトする強固なものではなく、

＼ バリアの中にいたら安全！ ／

もう少し柔軟でやさしいイメージのものです。やり方を説明しましょう。

まず「自分は他人の言動には左右されない」と決めてしまいます。

そして、**「見えないバリアが体全体を覆い守ってくれている」「バリアの中にいたら安全だ」**とイメージをするのです。

毎朝、このイメージを思い浮かべながら「自分は他人の言動には左右されない！」と宣言するとなおいいでしょう。

その後は、いつも通り朗らかに他人に接すればいいのです。

他人を一切排除するのではなく、**他人が何を言おうと「気にしない」「期待もしない」**。

そうすれば、**「何があっても傷つかない心」**

をつくることができます。

嫌な人の言動に、ビクビクする必要はありません。

もちろん、プライベートでは「心のバリア」を解除してかまいません。


弁護士をはじめ検察官や裁判官等の法曹関係者に対し、冷たい人だという印象を持つ人は多いと思います。私も弁護士になる前は、同様の印象を持っていました。

法曹関係者の笑っている姿をあまり見かけなかったからかもしれません。

ただ、実際に話をしてみると、法曹関係者の中には、温和でやさしい性格の人が多く、当初は意外に感じたものです。

今ならわかるのですが、他人に感情移入しすぎて、公平な判断ができなくなることを避けるため、つねに冷静さを保つ必要があるからです。また、職業柄、他人からのマイナス感情を直に向けられることが多いため、**心をガードする**必要もあります。

他人に左右されず客観的かつ冷静に判断することが求められるからこそ、あえて「心のバリア」をつくっているのです。私も日々実践しています。

ぜひ、心のバリアをつくって、他人の言動に左右されない自分をつくりましょう。

心の護身術 4

嫌な人に「あだ名」をつけてみる

職場で攻撃をしてくる「嫌な人」は、とんでもないモンスターに思えるものです。

そこまでいかなくても、苦手な相手は、そばにいるだけでストレスがたまるもの。

嫌な相手に連絡することは、仕事とわかっていても苦痛を感じるものですよね。

ここでは、私が実際にやってみて効果的だと感じた方法をいくつかご紹介します。

一番のおすすめは、**「嫌な人」の少年時代、少女時代に思いをはせてみる**というもの。

そして、その少年、少女と仲良くなるのです。

だまされたと思ってやってみてください。意外なほど効果があります。

たとえば、「こんなに嫌な性格なのだから、子どもの頃は、さぞかし両親の愛情に飢えていたんだろうな……」などと、勝手に想像してみます。すると、かわいそうな子どもが泣きながら独りぼっちでお留守番をしている姿が浮かんできたりします。

心の中でその子どもに話しかけてあげると、不思議と愛おしい気持ちがわいてきます。こうして、だんだん相手に対する苦手意識が薄れていくのです。

最後には、不思議なことに現実の相手の態度も柔らかくなり、関係がうまくいくことが多いのです。相手に対するこちらの態度が軟化したせいかもしれません。

次に、嫌な人に**クスッと笑える「かわいいあだ名」**をつけることも効果的です。もっとも、相手を侮辱するものであってはいけません。相手がますます嫌いになったり、苦手になったりして、逆効果だからです。

おすすめなのは、名前の後に「～ちゃま」「～はん」「～どん」をつけること。

どんなに嫌な相手でも、名前の後に「～ちゃま」とつけるとかわいく思えてきますよね。嫌味を言われても、「○○ちゃま、暇なのかな……」などと思えると、あまり気にならなくなるものです。

最後に、苦手な相手に連絡や謝罪をしなければいけない時の対処法について、アドバイスさせていただきます。

相手が苦手な人だった場合、連絡しないといけないとわかってはいても、つい先延ばしにしてしまいがちです。

＼ クスッと笑える「あだ名」がおすすめ ／

でも、**苦手であればあるほど、あえて真っ先に連絡する**ように心掛けることです。

連絡をしてしまえば、思っていたほど嫌ではなかったことに気づけると思います。

これを教えてくれたのは、非常に仕事ができる上司です。こんなに仕事ができる上司でも、苦手な相手には連絡したくないんだ……そう思ったら、なんだか気がラクになったことを覚えています。

ぜひ、一度試してみてください。

心の護身術 5

嫌な人を「気にしない練習」

職場で嫌味を言われたり、嫌がらせを受けたら、誰でも落ち込むものです。一度だけならまだしも、ずっと続くようだと会社に行くのも嫌になります。そんな時、有効なのが、**「まったく気にしていない自分を演じる」**ということ。実例を挙げながら説明しましょう。

Fさんは、突然、同じ課の先輩Gさんから目の敵にされるようになりました。以前はかわいがってくれていたのに、ある日を境にGさんはFさんを完全に無視し、同じ課のほかの女性社員もGさんに追随して、Fさんを無視し始めたのです。

Fさんは理由がわからずに、途方にくれてしまいました。一時は夜も眠れないほど、悩んだといいます。

ところが、Gさんが機嫌を損ねた原因は、社内の男性をめぐるGさんの嫉妬によるものだとわかり、Fさんは真剣に悩んでいた自分がバカらしくなったそうです。その後にFさんの取った方法が秀逸です。無視されても、まったく気にしないそぶりをし続けたのです。

しばらくすると、Gさんたちの嫌がらせがピタッと止んだそうです。

嫌がらせをする人たちは、相手がダメージを受けているのを見て喜び、ますますエスカレートする傾向があります。嫌がらせをされても、いちいち反応しなければ、相手は肩透かしをくった格好になり、行き場を失います。

だから、「まったく気にしていない自分を演じる」方法は効果的なのです。

まったく気にしていないそぶりをするのが難しい場合は、**「正しい姿勢をとる」だけでもいい**と思います。髪の毛を後ろに引っ張られるような気持ちで顔を上げ、背筋をピンと伸ばすのです。

どうせ人の内面など誰にもわかりはしません。

まずは外見から、嫌がらせをまったく気にしていない自分を演じてみてください。

心の護身術 6

職場の人とは「適度な距離」をとる

職場には、必要以上にプライベートに踏み込んできたり、夫の地位や年収、子どもが通っている学校、自分の学歴や職歴などを知りたがる人たちがいます。

無邪気に個人情報を教えてしまうと、マウントを取ってきたり、逆に嫉妬やねたみの対象となったり……ろくなことはありません。

職場で出会った人は基本的にはすべて「仕事先の人」と肝に銘じてください。いわば取引相手のようなものなので、**適度な距離を保って、礼儀正しく接する**ことをおすすめします。

実際、職場で出会った人に気を許し、個人情報を話しすぎてしまったことで、あとあと、思わぬトラブルを招いてしまうケースが少なくありません。たとえば、子どもが小学校受験で有名校に受かったことを漏らしてしまったことで、同僚から反感を買い、

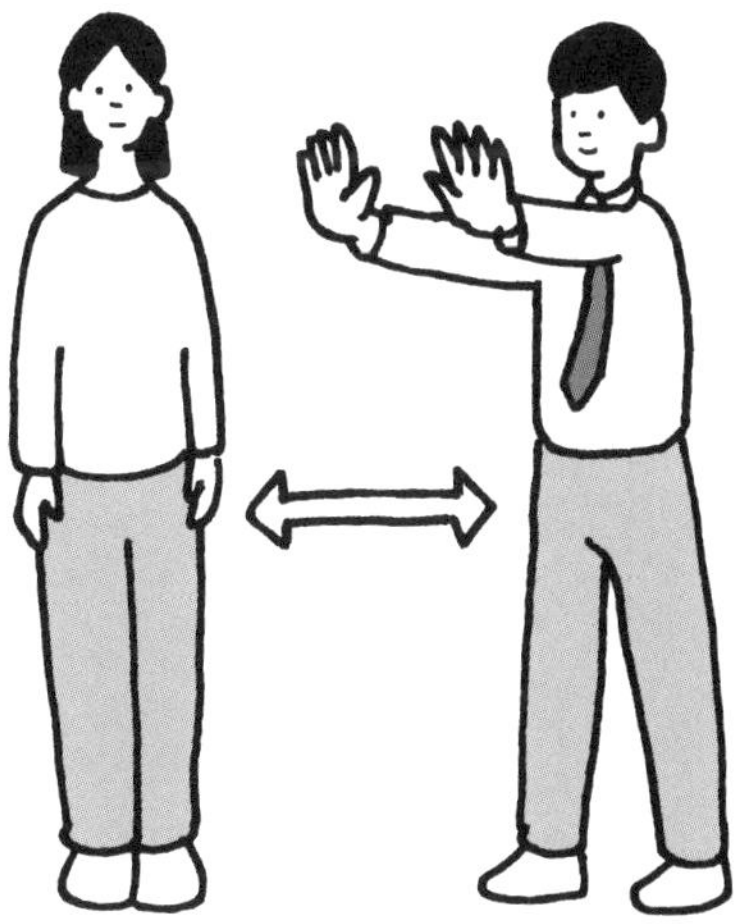

地域の掲示板に個人情報を書き込まれてしまった、などといった話はよくあります。

もちろん、職場で一生の「心の友」に出会うこともあり得ないわけではありません。

ただ、職場でたまたま一緒になった人とすぐに距離を詰めて、心を開いてしまうのは少し軽はずみかもしれません。

本人だけでなく、家族も危険にさらす可能性があるからです。

まずは、「適度な距離」を保ちながら、相手の人となりを慎重に見極めることが大切です。

特に気をつけたいのは「**嫉妬**」です。

本人は気づかなくても、知らないうちに嫉妬されていたということはよくあります。

自分では意図していなくても、いったん相手に嫉妬の感情を持たれてしまうと、思いがけず足を引っ張られることがあります。だから、他人に情報を与える時は慎重になったほうがいいのです。

身近な存在であればあるほど、嫉妬されやすくなると覚えておいてください。

個人情報を知りすぎてしまった結果、嫉妬や羨望の気持ちを抑えられなくなってしまうケースはよくあるものです。

一方で、個人情報を話しすぎてしまった結果、相手から上から目線で話をされるなど、不愉快な思いをすることもよくあります。

マウント合戦にならないためにも、職場で出会った人はすべて「仕事先の人」と割り切って、適度な距離をキープするようにしたほうが無難です。

いったん距離を縮めてしまうと、後で適度な距離を保つのは圧倒的に難しくなります。相手からしてみれば「急に冷たくなった」などと感じ、いらぬ恨みを買うことにもなりかねません。

最初から適度な距離をキープするのは、相手につけいる隙を与えないという意味でも重要だと言えます。

心の護身術 7

「いい人」をやめる

「いい人」をやめたらラクになります。これは真実です。

ただ、ここでいう「いい人」とは、あくまで職場での「いい人」を指します。

つまり、「なんでも気持ちよくやってくれる人」「頼まれても嫌な顔ひとつしない人」といった、いわゆる**「都合のいい人」**のことです。

職場では「文句を言わない人」が「いい人」だと思い込んでいる人も多いでしょう。

たとえば、「職場でうまくやっていくためにいい人と思われたい」と願っている40代のHさんと、周囲を気にせず言いたい放題の50代Iさん。

経営危機に陥った際に、社長が最初にリストラを打診するのは、どっちだと思いますか?

ほとんどの社長が**「いい人と思われたい」と願っているHさんにリストラを打診**す

るのではないでしょうか。

管理職の立場からすると、2人の能力に差がない場合には、リストラを打診しても文句を言わずに応じてくれそうなHさんをターゲットにしたほうがラクですし、話が早いと思われてしまうからです。

理不尽ですが、職場では言いたいことを言うキャラだと認識されたほうが、「得をする」傾向にあります。

実際に、言いたいことを言うキャラを確立した人のほうが、言い分が通ることが多いのではないでしょうか。

「いい人に思われたい」と思っていたら、ただの「都合のいい人だった」という笑えない話もあります。

「いい人」と思われる一番のデメリットは、**「この人ならわがままを言っても大丈夫」「文句を言わず聞いてくれる」となめられてしまう**ことです。

いじめっ子は、いじめる対象を周到に見極めているもの。なめられやすい人には、いろいろな災難が降りかかってくるのです。

「他人の意見は気にしない」「いい人と思われなくても平気」と腹をくってしまい

ましょう。

むしろ、**「面倒くさい人」「したたかな人」「一筋縄ではいかない人」**などと思われて、そのキャラを確立したほうが、人生は確実にラクになります。

どのみち、万人に好かれることはあり得ないのです。

有名な芸術家である岡本太郎さんは著書である『自分の中に毒を持て』の中で、「自分を大事にしすぎているから、いろいろと思い悩む。そんなに大事にしないで、よしそれなら今度から、好かれなくていいと決心して、自分を投げ出してしまうのだ」と述べています。

心理学者アルフレッド・アドラーも、「いい人」をやめて「嫌われる覚悟」を持てば、気分的にずいぶんラクになる、と言っています。

逆説的ですが、実際に「いい人」をやめて言いたいことを言い始めてみたら、意外にそれほど嫌われていないことに気づいたという人も少なからずいます。

美辞麗句ばかり言う人は信頼できませんが、嫌われる覚悟で率直に意見を述べる人は魅力的だからです。

一度試してみてください。人生がかなりラクになりますよ。

心の護身術 8

自分で「自分をほめる」習慣

自分で自分をほめると、自己肯定感が上がり、エネルギーが充足されます。

ほめればほめるほど、自分をほめてあげたくなるような状況が整っていきます。

ただ「ほめる」ではなく、**「ほめまくる」と一層効果的**です。

コツは、日常の小さなことから1つひとつほめていくこと。

「朝、気持ちよく起きられた私ってすごい！」

「出勤前にシーツを洗濯している私って素晴らしい！」

「こんなにおいしいコーヒーが飲める私ってラッキー！」

というように、ほんのささいなことでも、ほめていくのです。

私は20年ほど前から「私はすごい！」「私はラッキー！」などと根拠なく「自分をほめまくる」ことを続けていて、今では口癖のようになっています。

職場で嫌がらせや嫌味を言われた時、うまく言い返すなんて自分にはハードルが高いと感じる人は、意外に多いと思います。

本人はまったく悪くないのに、職場で嫌がらせを受けることで「職場でうまくやれない自分はダメな人間だ」といったマイナスの感情に支配されてしまい、自信を喪失しているのです。

職場での嫌がらせや嫌味に真っ向から対立する必要はありません。

ただ「泣き寝入りはしない」という強い意志を持つことは大切です。

たとえば、**「私はどんな状況でも耐えられる人間だ」**と思うと、自己肯定感は自然と上がります。

「こんな状況で言い返した私ってすごくない？」と自分をほめてあげましょう。

私は、職場の女性グループ全員に無視された時でも、「こんなに無視されているのに、めげずに仕事を頑張っている私ってすごくない？」と自分を励まし続けました。

無視されるとどんどん自己肯定感が低くなるので、**せめて気持ちだけでも上げておくようにする**ことが大切なのです。

自分をどんどんほめることで、心にエネルギーを充足しましょう。そこからです。

心の護身術 9

「しつこい人」になる

願望を叶えるために一番大事なことは、私は「しつこさ」だと思います。

しつこく食らいついていたら、たいていのことは叶います。

「しつこい人」というのは一般的にネガティブにとらえられがちですが、ことビジネスにおいては、相手が一目置くまでしつこく食らいつくことはけっしてネガティブではありません。むしろ**成功のきっかけ**となります。

たとえば、転勤先や新しく入った職場の上司がすごく「嫌な人」だったという経験をした方は多いと思います。私にも覚えがあります。

転勤先で出会った上司はなぜか初対面から敵対的な態度で、会議でアイデアや意見を出してもことごとく反対したりするのです。

なぜそこまで嫌がらせを受けなければならないのか、と正直、仕事のやる気も徐々になくなっていきました。友人に相談してもこれといった解決策は見つからず、「はずれの上司に当たってしまったね」「上司が転勤するまで我慢するしかないよ」などと言われ、ほぼあきらめの境地になっていました。

ただ、ここで注意すべきは、**相手が上司の場合、意図的に評価を下げられるリスクがある**ということです。現在は評価が給与と直結する人事制度を採用している企業が多く、上司の評価次第では収入面で明らかに損をするケースも珍しくありません。

「上司が転勤するまで我慢する」といった悠長なことは言っていられないのです。

そのことを昔の上司から諭され、わけもなく私を敬遠する上司に徹底的に食らいつくことにしました。

大切なのは、**相手（＝上司）が一目置くまでしつこく食らいつく覚悟を持つ**こと。

そして、相手に「デキるやつ」「熱心」「根性がある」などの印象づけをするのです。

私が実践した中で特に効果的だと思ったのは、「譲れない案件」などで徹底的に粘ることでした。

会社にとってプラスになる提案であれば、遠慮する必要はありません。上司は面倒くさそうにしていましたが、しつこく自説を主張してみました。

仮にいったん引き下がっても、翌日にまた「いろいろ考えてみましたが、ここは改善の余地があると思います」などとあくまで前向きな提案をして、「しつこいやつ」という印象づけを徹底的に行ないました。

その結果、上司は、私のことを「一筋縄ではいかないやつ」と思ったようで、ないがしろにされることはなくなりました。その後、会社の査定の評価も上がっていたので、この「しつこく食らいつく作戦」が功を奏したのだと思います。

このように会社で嫌な上司にあたっても、その後の粘りによって、物事が好転することは十分あり得ます。**絶対にあきらめないことが大切**です。

また上司が態度を変えなくても、隣の課の上司が見ていたり、部長が気づいたりすることはよくあります。上司に冷たくされても、めげることなく、熱心に食らいついて仕事をする姿勢というのはいつか必ず評価されます。

成功のきっかけは、「夢」や「願望」に対してけっしてあきらめることなく、しつこく食らいついていったことだ、とおっしゃる成功者も大勢います。

「しつこさ」は成功へのキーワードの1つではないでしょうか。

＼ 相手が一目置くまであきらめない ／

心の護身術 10

嫌なことは「嫌です」と言う

今まで、日本人は自分の意見を主張するよりも、その場が丸く収まるならば、我慢することを選ぶ人が圧倒的に多かったと思います。

日本人の美徳の1つでもありますが、今はもう「我慢する時代」ではありません。

職場で嫌がらせを受けたなら、けっして我慢して泣き寝入りしてはいけません。

小さなことでもおかしいと思ったら**「きっぱりと態度に出す」ことが大切**なのです。

私の友人Jさんの話を紹介しましょう。


Jさんは40代の女性です。中小企業のメーカーで正社員として勤務しながら、趣味に没頭したりするなど独身生活を謳歌しています。

Jさんの会社に、Kさんというシングルマザーの女性がパート採用されました。

ある日、Kさんの子どもが熱を出したため残業を代わってやってほしいと、直属の上司から頼まれたそうです。

その日Jさんは、趣味の会合に参加する予定がありましたが、Kさんが大変な状況ということもあり、サービス残業にはなりますが、仕事を引き受けることにしました。

ところが、その日以来、Kさんの仕事がたびたびJさんに振られるようになったのです。

「私も今月はいっぱいいっぱいなんですけど……」と言ってみたところ、「どうしたの？　最初は快く手伝ってくれていたじゃない？」とか「Kさんのフォローをするのが嫌になった？」などと言われ、それ以上は言えなくなったそうです。

その後、Jさんは当たり前のようにサービス残業を押しつけられ、最初は申し訳なさそうだったKさんもそのうち何のお礼も言わなくなったそうです。

Jさんにミスがあるとすれば、最初の段階で、

「私にも予定があります。それにサービス残業はしたくありません」

ときっぱりと直属の上司に伝えなかったことでしょう。

「今回だけ我慢すればいい」――そう思って言動に出さなかった結果、言うタイミングを失い、**ずっと我慢させられる損な立場に甘んじることになってしまった**のです。

Jさんには、「今からでも少しずつ伝えたほうがいいですよ。職場では何も言わなかったらOKと受け取られてしまいます。たとえ言いにくくても声には出したほうがいいですよ」とアドバイスしました。

職場で「嫌なこと」に遭遇したら、我慢せずに「嫌です」とはっきり言うことが大切です。喧嘩を売れと言っているわけではありません。

「あなたの要求には応じることができません」と冷静に自分の意思を伝えさえすればいいのです。

まずは最初の一歩を踏み出すことが大切。そこからすべては始まっていくのです。

3章
正面から戦わずに「賢く勝つ」言葉の護身術

いよいよ、職場の嫌な人から自分を守る「言葉の護身術」実戦編のスタートです。

3章では、嫌な人と正面から戦わずに「賢く勝つ」方法をお伝えします。

そもそも「言葉の護身術」とは、**相手と直接対決することを目的としていません。**

職場の嫌な人と正面から張り合っても、こちらにメリットはありません。特に、「モラ男」や「モラ女」と言われる相手には、正論を言っても通じません。ますますヒートアップさせるだけで、時間と労力のムダに終わる可能性があります。

相手は自分が悪いという自覚のないまま、嫌がらせをしてきます。あることないことを言い募ってこちらを攻撃してきたり、揚げ足取りをしてくるので、真正面から相手にしても疲れるだけ。何もいいことはありません。

あくまで「**正面から戦わずに、自分を守る**」――。

それが、「賢く勝つ」ということであり、「言葉の護身術」の本質なのです。

3章では、「身に覚えのない難癖をつけられた」「理不尽なことで絡まれた」「根も葉もない噂話を聞かされた」などなど、どの職場でもよくあるケースを10個取り上げ、それぞれのケースで有効な「言葉の護身術」を紹介していきます。

ケース1

身に覚えのないことで「難癖」をつけられたら？

職場で「怒りっぽい人」とひそかに恐れられている人から、身に覚えのないことで、突然、怒鳴られたり、難癖をつけられたりしたことはありませんか？

どの職場でも、ちょっとしたことで**突然キレたり**、不機嫌な表情を浮かべて**いつもイライラしている人**はいるものです。

1章で紹介した「職場の嫌な人7つのタイプ」を思い出してください。その中では、タイプ4のストレスを他人にぶつける「**八つ当たり**」タイプと言えます。

そんな人たちから、突然、怒鳴られたり、難癖をつけられたりした場合、どのように対処すればいいのでしょうか？

これから「実例」を挙げながら、正面から戦わずに「賢く勝つ」方法を紹介します。

実例

Aさんは、中堅の広告代理店に勤務して5年目。新規のクライアントを獲得する「飛び込み営業」が主な仕事です。

最初は見ず知らずの相手を訪問するのが苦手でしたが、3年目あたりから接客のコツを徐々に掴んでいき、今では「課の稼ぎ頭」と言われています。

一方、隣の課に配属されている同期のBさんは、営業成績こそトップでしたが、強引な営業手腕が問題となることがたびたびありました。

また、Bさんはいつも不機嫌さを露わにしてイライラしていることから、「**怒りっぽい人**」というキャラクターがすっかり定着していました。

ある日のこと。Aさんが帰社すると、BさんがAさんに向かって**鬼の形相で歩いてきた**のです。

「いいかげんにしろよ！　あの店は俺がずっと目をつけていたんだ、横から割り込んで契約するなんて、なめた真似をするんじゃないよ！」

どうやらAさんは、Bさんが前から狙っていた顧客を奪ってしまったようなのです。

ですが、Bさんが同じ店にアプローチしていたことは知りませんでしたし、故意に

Bさんの顧客を奪ったわけではありません。

思わず言い返しそうになりましたが、その時ふと、周囲が固唾《かたず》をのんで2人を見守っている様子が目に入りました。

（だめだ、ここで言い返したら、Bと同じレベルになってしまう）

（でもここまで言われて黙って引き下がったら、非を認めているみたいだ。それに情けない奴だと思われるのも嫌だ……！）

Aさんはいったいどうやってこの場を乗り切ったのでしょうか。

言葉の護身術

挑発に乗らずに「話の争点」をずらす

日頃からイライラして怒りっぽいBさんから、突然の攻撃を受けたAさん。

正面から相手に言い返すのも大人気ないし、職場の雰囲気を悪化させないためにも、できるだけ揉め事は避けたい……。

だからと言って、おとなしく引き下がったり謝罪したりすれば、負けを認めることにもなる。なにしろ、**謝るべき非もないのだから、謝る必要などどこにもない**――。

困った立場に立たされてしまったAさんですが、このような場合、Bさんに向かって「正面から言い返す」のは得策ではありません。

周囲から、同じレベルで喧嘩をしている人と思われるリスクがあるからです。

だからと言って、言われっぱなしのままなのも情けないし、悔しすぎますよね。

そんな時に効果的なのが、「**相手の挑発に乗らず、話の争点をずらす**」という護身術です。相手と同じ土俵にはあがらずに、一段上に立つ技術と言ってもいいでしょう。

相手が興奮して「いいかげんにしろよ！」などと詰め寄ってきたとしても、「**ちょっと落ち着いてください**」「**冷静に話しましょうよ**」などと言って、まともに取り合わずに、話の争点をずらすのです。

相手の挑発に乗って言い返したところで、相手も負けじと言い返してくるだけ。言い争いがエンドレスに続き、ムダに体力と気力を消耗することになります。

それに、周囲からは「日頃から怒りっぽい相手と同類」と見なされ、結果的に損をするだけです。

相手と同じ土俵にはあがらずに、むしろ相手より一段上に立って、相手をなだめたり、たしなめたりすると効果的ですし、周囲からの印象もよくなります。

くどいようですが、「話の争点」には一切触れる必要はありません。

先ほどご紹介した事例のように、

「いいかげんにしろよ！　あの店は俺がずっと目をつけていたんだ」

などと、言われた場合。

「ちょっと落ち着きましょうよ」「冷静に話をしましょう」「怒りを鎮めてください」

などと、あえて相手の一段上に立ち、興奮したBさんをなだめるような言葉をかけてあげるのです。たとえ、Bさんが、

「横から割り込んで契約するなんて、なめた真似をするんじゃないよ！」

などと追撃してきたとしても、一切、相手にする必要はありません。

「怖いですよ」「そんなにムキにならないで」「冷静に、冷静に！」

と、Bさんをなだめる態度を取り続けるのです。

もし、駆けつけてきた上司がいたら、

「Bが少し興奮しているみたいなんです」

「冷静に話をすればわかると思うのですが……」

と落ち着いた口調で報告すると、より効果的です。

Bさんが問題としているところの、「Aは、自分の顧客を横取りしたのか、否か？」という真の争点には一切触れず、**「職場で怒り狂っているBさんをなだめている」という立ち位置を貫く**のです。

客観的にAさんとBさんの様子を比べて見た時に、周囲からは冷静に対処したAさんに分があると判断される可能性が大です。

争点にはけっして触れることなく、第三者のような立場で、「冷静に、冷静に」などと言ってひたすら相手をなだめたり、たしなめたりする——。

たったそれだけで、相手と正面から戦うどころか、相手より一段上の立ち位置に自分を上げることができる、とても賢い方法なのです。

覚えておくと、あらゆる場面であなたを守ってくれると思います。

ケース2

不機嫌な上司からネチネチ絡まれたら？

ケース1で紹介した「相手の挑発に乗らずに話の争点をずらす」という護身術は、大変効果的なのですが、1つだけ注意点があります。

この護身術は、先輩・後輩、同僚といった間柄の場合には効果があるのですが、役職のある**上司に対しては、使い方を考える必要がある**ということです。

上司をますます怒らせることになったり、周囲の共感を得られない場合もあるからです。

たとえ理不尽な理由だったとしても、役職のある上司に怒られている平社員が「部長、落ち着いてくださいよ」「興奮されているみたいですね」などとは、なかなか言えないものですよね。

どうすればいいでしょうか？

実例

Cさんは大卒で大手ゼネコンに就職して7年目。地域の活性化に貢献したいという希望が通り、適切な部署に配属されるなど、仕事自体には満足しています。

唯一、Cさんを悩ませているのは直属のD課長。一見温和そうな人物なのですが、じつは気分屋で、**突然キレて八つ当たりをしてきたり、言いがかりをつけたりする**ことがよくあるのです。

ある日、D課長はよほど機嫌が悪かったのか、Cさんの近くにやってきて、

「入社何年目だっけ?」「結婚のご予定は?」

「最近、仕事に身が入ってないよね? プライベートで何か問題でも?」

などと、**小声でネチネチと絡んできた**のです。

本来の仕事とは関係のないことをしつこく聞かれ、Cさんの頭の中で何かがプチッと切れたそうです。

元来、男勝りの気の強い性格ということもあり、Cさんは「さすがに、もう許せない」と覚悟を決めました。

何も言い返さずに「あえて沈黙」

D課長は「職場の嫌な人7つのタイプ」の中では、タイプ2の「自分の思い通りにしたい」という「自己中」タイプ。つまり、典型的なモラハラタイプの上司なのです。もしかすると、タイプ4のストレスを他人にぶつける「八つ当たり」タイプにも該当するかもしれません。

最終的には、「これってモラハラですよね」「人事に言いつけますよ！」と全面対決をすることもアリでしょう。ただ、客観的な証拠がない状態でそれをするのは、Cさんに不利だと言わざるを得ません。

「モラハラだと言うなら証拠を出せ」と言われるに決まっていますし、最悪の場合は、ますますモラハラがひどくなる可能性もあります。

そこで、おすすめなのが、「**あえて言い返さずに沈黙する**」という護身術です。

なにかにつけて、言いがかりをつけてきたり、理不尽なことを言って侮辱してくる相手には、あえて何も言い返さずに、沈黙する方法が思いのほか効果的なのです。

「何も言い返さない」というのも立派な意思表示であり、護身術でもあるのです。

モラハラ上司からの言葉の暴力に対し、あえて言い返さずに沈黙を貫けば、上司の言葉だけが宙に浮いて、空回りすることになります。

すると、上司は焦り始め、大声で怒鳴りつけるかもしれません。

ただ、そんなことを気にする必要はありません。

「沈黙する」ということは、一見、消極的な方法のように思えますが、じつは、**相手から「主導権」を取り戻すことができる強力な方法**なのです。

何も言葉を発しない分、揚げ足を取られることもありません。

一方的に攻撃を受けて沈黙している部下を見て、周囲の人は「何事か」と思いますし、場合によっては周囲を味方につけることもできるでしょう。

ちなみに、Cさんは、D課長に対し、沈黙するだけでなく、「**相手の目を凝視しながら、うっすら笑う**」ということもしたそうです。

かなり不気味な方法ですが、D課長はこのCさんの意表を突いた反撃に気圧されたのか、いきなりトーンダウンして「まあ、せいぜい頑張ってくれよ」と捨て台詞を残して去って行ったそうです。

＼「積極的な沈黙」は大きな武器！／

怒られたり、嫌なことを言われたから、しゅんとなって黙ってしまうのとは違い、「積極的な沈黙」は、時にはモラハラ上司を撃退する大きな武器にもなるのです。「沈黙」の効果を十分にわかったうえで実践できれば、強力な武器を手にしたのも同然です。

突発的な相手の攻撃にも大変効果的ですので、ぜひ、「沈黙」という武器を手に入れ、使いこなせるようになってください。

ケース3

「大丈夫？」と、何度もしつこく聞かれたら？

同じことを何度も聞いてきたり、失礼なことを平気で質問してくる「嫌な人」って、職場には必ずいますよね。

「いい歳なのにまだ結婚しないの？」とか、「老後のために貯金してる？」などと聞いてくる無神経なあの人のことです。

「派遣さんってボーナスないんですよね？」「交通費も出ないんですよね？」「ずっと派遣のままでいくんですか？」などと無邪気に質問してくる正社員もいます。

ちょっと小バカにしている雰囲気が見え隠れすると、イラッとしますよね。

上司から「**本当に大丈夫？**」と何度も聞かれると、**よほど信頼されていないのだ**とわかり、気分が悪くなります。

そんな無神経な人から自分を守る方法をご紹介しましょう。

実例

Eさんの上司のFさんは、ことあるごとに「本当に大丈夫？」とEさんに聞いてくるのだそうです。

「大丈夫？」「大丈夫？」と何度も聞かれると、「自分はそんなに信頼されていないのか」と**むなしい気持ち**になります。

Eさんは、Fさんから「大丈夫？」と聞かれるたびに、「大丈夫です」「頑張ります」と前向きに答えていたそうです。しかし、**最近はしんどい**のだと言います。

ただ、Eさん自身、仕事が早いタイプではないこともあり、Fさんから「大丈夫？」と何度も確認されてもしかたがないと、なかばあきらめていました。

ところが、ある日、EさんがFさんに頼まれた資料の作成に手間取っていると、

「**ほんっと仕事遅いわよね、大丈夫なの？**」

と、Fさんからきつい口調で言われたそうです。どのような資料を作成するかについてはFさんから詳細な指示はなく、ほぼEさんに丸投げされたものでした。

それなのに、いきなり「仕事が遅い」とか「大丈夫なの？」と言われて、さすがに

カチンときたEさん。

Fさんのような上司には、どのような切り返しをすれば効果的でしょうか？

言葉の護身術 「大丈夫ではない」と、あっさり認める

部下を信頼せずに小バカにすることで、ストレスを発散し、精神的なバランスを取っている上司は残念ながら存在します。

「職場の嫌な人7つのタイプ」では、タイプ4のストレスは他人にぶつけてしまえという、「八つ当たり」タイプです。実例で紹介したFさんは、Eさんに何度も「大丈夫なの？」といちいち確認することで、ストレスを発散していたのかもしれません。

「大丈夫？」という言葉は一見、相手を思いやるやさしい言葉だと思われがちですが、**多用すると「信頼していない」という真逆の意味になる**から怖いものです。

ほかにも「ちゃんとわかってる？」などという言い方もあります。

この場合、上司は部下が理解しているかどうかを親切に質問しているのではなく、完全な嫌味です。とはいえ、表面上はバカにしている言葉ではない分、やっかいなの

です。暴言を吐かれたとまでは言い切れないからです。

上司から「大丈夫なの？」「ちゃんとわかってる？」などとしつこく言われたら、どうすればいいでしょうか？

じつは簡単です。**あっさりと認めてしまえばいい**のです。たとえば、

「大丈夫ではないです、だから教えてください」

などと言ってみると効果的です。

上司の立場からすると、まさに思ってもいない切り返しで、脅威に感じると思います。これを言われてしまうと、もう何も言えないからです。

上司から「大丈夫なの？」と聞かれたら、たいていの人は反射的に「大丈夫です！」と答えてしまうものです。「上司に無能だと思われたくない」「上司にこれ以上心配をかけたくない」といった心理が働き、そのように答えさせるのです。

それに、自身のプライドから、「大丈夫ではない」と素直に認められなかったり、無責任な発言だと思う人もいるでしょう

その気持ちはよくわかります。ただ、このケースのように、しつこく「大丈夫なの？」と聞いてくる上司に対しては、そんな心配やプライドは一切不要。

あっさりと「**大丈夫ではないです**」「**まだよくわかっていません**」と認めてしまうことです。それだけで、気持ちがずいぶんラクになります。

「**すみません、大丈夫じゃないです**」

「**私仕事遅いので、ご迷惑をおかけしています**」

「**しっかりとご指示いただけると助かります**」

などと、開き直って言ってみましょう。

それから、「なぜ、大丈夫ではないのか」を説明すると、建設的な会話ができる可能性は十分にあります。

それでも上司がしつこく「本当に大丈夫?」と言ってくる場合、「いいかげんにしてください、さすがに失礼ですよ」ときっぱりと言い返しましょう。明らかに度を越した相手を、いつまでも立てる必要はありません。

ケース4

「うざい自慢話」につかまったら？

自慢話ばかりしてくる上司に辟易している人は多いのではないでしょうか？

営業成績抜群で、若い頃は「営業部のエース」と言われていた。

学生の頃は、若気の至りで「やんちゃ」をしていた。

子どもの頃は秀才と言われていて、中学受験では御三家に合格した……。

いったん始まると止まらない上司の自慢話。ここでは、そんな困った上司から自分を守る言葉の護身術を紹介します。

実例

Gさんも、自慢話ばかりする上司に悩んでいた1人です。

H部長は、現場を離れて5年以上経っており、現場の苦労など何ひとつわかっていません。

にもかかわらず、最前線で頑張っているGさんたちにあれやこれやと口を出してきて、現場をひっかき回します。

部の飲み会に参加をしてくれるのはいいのですが、**酔うと必ず自慢話**が始まり、誰かが相手をしなくてはいけなくなります。

まだ現場や部下を**支配下におきたいという圧**をH部長からは痛いほど感じます。

Gさんは、部内では比較的若手の部類に属するため、H部長の自慢話の相手となる役目が回ってくることが多く、いつも対応に苦慮しているそうです。

言葉の護身術

逆に質問をして「教えを乞う」

恥ずかしげもなく自慢話をする上司は、承認欲求や自尊心を満たしたいという強烈な自己愛がベースにあることがほとんどです。

「職場の嫌な人7つのタイプ」では、まさにタイプ3の「かまってちゃん」タイプ。

「もっとほめられたい」「もっと認められたい」といった気持ちが強く、他者からの評価を人一倍気にします。このタイプは、承認欲求が満たされないと不機嫌さを露骨に表したり、八つ当たりをしてきたりするので注意が必要です。

結局のところ、上司は「俺ってすごいだろ?」「私ってすごくない?」と部下に認めさせたいだけなのです。

このタイプには、**上司が言ってほしいことをそのまま言ってあげる**、つまり、「ほめ言葉で相手の承認欲求を満たす」言葉の護身術が一番効果的です。

実際に、この方法でH部長の承認欲求を満たした結果、H部長はいつも上機嫌になり、あまり現場にも口出しをしてこなくなったそうです。

結果的に時間と労力の節減に一番つながるのが、この「ほめ言葉で承認欲求を満たす」という護身術なのです。

まずは、ほめ殺しの必殺技と知られている「**会話のさしすせそ**」を意識してみましょう。ここで、上司に対する効果的な言い回しをご紹介しておきます。

さ＝「さすがですね。すごいとしか言いようがないです」

し＝「信じられないですね。そんな短期で売り上げを伸ばしただなんて……」

す＝「素晴らしいですね」
せ＝「せっかくなので、今日は部長のお話をお聞かせください」
そ＝「それは知りませんでした！　教えていただき、ありがとうございました」

ただ、一方で、「会話のさしすせそ」は多用すると嘘っぽく思われる可能性があるので、注意が必要です。

相手に「ほめ殺し」だと思われてしまったら効果は激減どころか、「調子のいいやつ」と思われて、マイナスに作用してしまいます。

そこで、おすすめなのが、**どんどん質問して「教えを乞う」**という方法です。

「かまってちゃん」タイプの承認欲求が強い人は、他人に興味を持たれることが大好き。そこで、「相手のことを知りたい！　教えてほしい！」という気持ちを相手に率直に伝えるのです。

思いつくまま相手に質問してみてください。

実例に登場したH部長は、営業部の大口の取引先はすべて開拓したと言われており、それなりの手柄や実績を残している人です。そこで、

「どうやって一から取引先を開拓したのですか?」

「営業のやり方はどこで学ばれたのですか?」

「どうすればH部長のようになれますか?」

「H部長にも失敗談はあるのでしょうか?　ぜひお聞きしたいです」

「はじめて部下ができたのですが、部下に慕われる秘訣を教えてください」

などと、H部長が今の実績を築いたルーツについて質問をするといいでしょう。

H部長の話に対する相づちは、前述の「会話のさしすせそ」を意識して話してみてください。

「ほめ言葉」で承認欲求を満たす方法の最大の注意点は、ほめ殺しだと相手に悟られないようにすることだけです。

それだけを注意すれば、人間関係を円滑にするためには本当に効果的な方法だと思います。

ぜひ、参考にしていただきたいと思います。

ケース5

根も葉もない「噂話」を聞かされたら？

職場で**根も葉もない噂話**を流された経験はないでしょうか？

「男に色目を使っている」「○○さんのことを狙っている」

「課長や部長におべんちゃらばかり言っている」

「（コネ入社ではないのに）コネでいい部署に配属された」

といった具合です。

根も葉もない噂の原因は、**ほとんどが嫉妬に起因**するものだったり、単なるいじめだったりするので、気にする必要はありません。

ただ、実際に耳に入ってしまった時は、やはりいい気持ちはしません。

実例

Iさんは、大学を卒業後、念願だった保育園に入社しました。

仕事は楽しく、子どもたちもかわいくてしかたがない――。

そんな時、同僚のJさんから「耳に入れようかどうか迷ったんだけど」と前置きして聞かされたのは、保育園の中で、

「I先生はかなりのぶりっこで、お父さんたちに媚びている」

という噂が流れているということ。

言われてみれば、Iさんの声はちょっと甘いハスキーボイスで、かわいらしいのですが、本人は「男に媚びている」という意識はまったくありません。**そんな噂が立つこと自体、とてもショック**でした。

それ以来、猛省をして、身だしなみや話し方に細心の注意を払うようにしたそうです。ところが、しばらくたって、またJさんから聞いたのは、

「お母さんたちが担任はI先生で大丈夫かしら？　と心配している」

「I先生は保育園の仕事が好きじゃないらしい。子どもといてもつまらなそう」

という話でした。

ただ、その噂があまりに的はずれだったために、Ｉさんは他人の評価や噂といった実体のないものに惑わされていた自分に気づくことができたそうなのです。

言葉の護身術 ポーカーフェイスで聞き流す

「人の噂も75日」と言いますが、それは昔の話。

情報ツールが発達した現代社会では、せいぜい30日くらいではないでしょうか。

変な噂を立てられても、根拠がないのであれば、まったく気にすることはなく、1カ月間スルーできたら、そのうち噂は消滅します。

特に、職場での噂や陰口は、いちいち気にしていたら身が持ちません。

自分が噂されていると知って、おどおどしていたら、その噂が本当だと認めるようなもの。噂というものはあなたが力を与えなかったら、そのうち自然に消滅します。

何か聞かれても、

「火のないところに煙が立っちゃったわ」

などと言って、笑ってスルーするくらいの心のゆとりを持ちましょう。

Ｉさんは、Ｊさんからどんな噂を聞かされても、

「へえ、そうなんだ」

と、何事もなかったかのように、ポーカーフェイスで聞き流すことに徹しました。

あくまでも**「平然としている」態度を崩さないことが大切**なのです。

噂などどこ吹く風で、たとえ何を言われたとしても、

「それが何か？」「それがどうしましたか？」

「あ、そうなんですね～」

「ふうん、それで？」「そんな話になってるんだ」

などと返しておけばいいのです。

大事なのは、相手にダメージを受けていることを悟られないようにすることです。

そうしたところ、Ｉさんの仕事熱心な誠実な態度が保護者の方たちにもわかったようで、悪い噂をする人はいなくなったそうです。

ただ、Ｉさんは、毎回頼んでもいないのにこんな噂が流れているとわざわざご注進に来てくれるＪさんに対しては、思うところがあったようで、

「私は信じていないけど、噂を流したのはJだという人がいてね……」

「Jも私みたいに変な噂を流されないように気をつけたほうがいいよ」

と念のため一言釘を刺しておいたそうです。

噂話をわざわざ本人の耳に入れるのは、「その話を聞いた本人の反応が見たい」といった残酷な気持ちが少なからずあるからです。

そんな人には、ポーカーフェイスで聞き流すとともに、「その噂を流したのはあなただって言う人がいるのよ、もちろん私は信じてないけどね……」などと**けん制しておくと、今後の防止策にもなって効果的**です。

不愉快な話を聞く必要など、一切ありません。

もちろん、耳の痛いアドバイスでも本人のためを思って言ってくれているのであれば耳を傾ける必要がありますが、それはあくまで当の本人が自分の言葉でしてくれたアドバイスにかぎります。

不愉快な噂話を本人の耳に入れるのとは根本的に違いますので、そこはくれぐれも誤解しないようにしてください。

ケース6

何かと厳しい「お局さま」を味方にするには？

どの職場にも勤続年数の長いベテラン社員はいます。

それが女性というだけで、いわゆる「**お局さま**」などと呼ばれ、若手の社員たちから恐れられる存在になります。

ベテランらしく、職場のことを知り抜いていて、自分は会社にとって必要な存在だという自負心を強く持っています。実際に、仕事ができる人も多く、**職場の人間関係に大きな影響を及ぼす存在**と言えます。

「お局さま」が嫌がらせをする張本人だとしたらかなりやっかいですが、味方になってもらったら、これほど心強い存在はいません。

「お局さま」を味方につける方法を紹介しましょう。

実例

Kさんは入社3年目で、営業の1課から3課に異動になりました。異動を知った時は、「なんで私があの3課に……」と内心ショックを受けました。周囲の人も「頑張って！」「辞めないでね～」などと心配そうです。というのも、営業3課には**「お局さま」として有名なLさん**がいるからです。

Lさんは入社30年目の大ベテラン。営業部の部長は同期ですし、営業3課の課長は新入社員の時にLさんに鍛えられたらしく、頭が上がらないそうです。Lさんのせいで、3課に配属された女性社員は、何人も辞めていった……という噂までありました。

戦々恐々と3課にやってきたKさんは、**配属早々、Lさんの洗礼**を受けます。

「おはようございます」とKさんが挨拶をしても、まったく反応がありません。

Kさんがお客様にお茶出しをすれば、「1課で教えてもらわなかった？　お茶はお客様の右手にお出しして！」と、わざわざ前の課を挙げて、ダメ出しをしてきます。

事務処理でわからないことを尋ねても、「そんなことくらい自分で考えなさい」と取り合ってくれません。それどころか、「処理がめちゃめちゃだったから、私が直しておきました。まったく、大学で何を勉強してきたんだか……」と嫌味を言われる始末。

当初は、Lさんの機嫌を損ねないようにすり寄って味方につけようと、少しよこしまな考えを持っていたKさんですが、そんなことをしてもムダだとすぐに悟りました。

一見、取りつく島もないLさんの態度。

Kさんは、どうやってLさんを味方にすればいいのでしょうか？

言葉の護身術

相手との「共通点」を突破口にする

「お局さま」は、職場で一定の力を持っています。

社内の人間関係に精通しているため、怒らせると大変。お局さまが指示を出して、集団で嫌がらせが行なわれることもあるため、注意が必要です。

お局さまが取締役や部長などの新入社員時代をよく知っていたりすると、上司がまともに注意できないケースもあります。

「実例」のLさんのように、お局さまが「新人いびり」などの嫌がらせをするのは、「**自分のテリトリーを侵されたくない**」という心理が働くからです。新人が、自分より仕事ができるようになると、会社に自分の居場所がなくなってしまうのではないか、と不安になるのです。

また、お局さま自身がストレスを抱えているケースもあります。ストレスのはけ口として、弱い立場の人をターゲットにすることもあるようです。

つまり、ストレスを他人にぶつけようとする「八つ当たり」タイプと、対抗心を燃やしてマウントを取ろうとする「嫉妬メラメラ」タイプ、そして、弱い者いじめが大好きな「サディスト」タイプの複合型——それが「お局さま」と言えるでしょう。

いずれにせよ、「お局さま」を敵に回すと非常にやっかいなことになります。

ここは、正面から戦わずに賢く立ち回りたいところです。

「お局さま」と呼ばれる人が一番嫌いなタイプは「仕事ができないくせにチャラチャラしている人」です。

最初からすり寄ろうとしたりせず、まずは仕事を一生懸命やって、実力を認めさせることが大前提。そのうえで、相手の趣味や好きなものを探り、**「自分との共通点」を見つけて、徐々に距離を縮めていく作戦が効果的**です。

いったん仲良くなってからは、素直に教えを乞うたり、相談したりして頼りにすると喜んでくれると思います。

そこでまず、Kさんは、Lさんの存在は気にしないようにして、一定の距離を取り、黙々と自分の仕事をこなすことにしました。無視されても挨拶だけはするようにして、一心不乱に仕事に集中。

これを淡々と半年ほど続けたところ、徐々にLさんの態度が変わってきて、少しずつ話しかけてくれるようになったそうなのです。

そこから、KさんはLさんの趣味や好きなものを徐々に探るようにしました。

「お休みの日は、何をされているのですか？」

「読書が趣味とうかがいましたが、どのような本がお好きですか？」

「髪型、素敵ですね。どこの美容院に行かれてますか？」

などと、少しずつ質問を重ね、お互いの共通点を探っていったのです。

そうすると、Lさんは韓流ドラマが好きで、休日はネット動画を見て過ごすことが多かったのです。

わかりました。じつは、Kさんも休日はネット動画を見て過ごすことが多かったのです。

さっそく韓流ドラマをチェックして、Lさんとの話を盛り上げるようにしました。

すると、KさんとLさんの距離はどんどん縮まり、いつの間にか、仲のいい先輩後輩という関係に変わっていたそうです。

いったん仲良くなってからは、社内人脈が豊富なLさんは、Kさんにとって、ものすごく頼りになる存在だといいます。

いかがでしょうか?

とても簡単で、シンプルな方法のため、拍子抜けした人もいるでしょう。

しかしながら、**効果はお墨つき**です。実際に私や私の友人は、このやり方で、何人もの「お局さま」とすごく仲良くなることができました。

お局さまに苦手意識のある方は、ぜひ試してみてください。

ケース7

悪気がないふりをして「ディスられた」ら？

職場で長時間一緒に仕事をしていると、他人のさまざまな面を見ることになります。

気が合う人が多いと職場に行くのも楽しくなりますが、気の合わない嫌な人がいると、つい、憂うつな気分になるものです。

たとえば、**悪気のないふり**をして、独自の価値観を押しつけてくる人や、普段のちょっとした会話の中でも、マウントを取らないと気が済まない人たちもいます。

一見、悪気がないようなふりをして話しかけてくるのですが、こちらが無邪気に答えていたら、「だからダメなんだよ、もっとこうしないと！」と、**なぜか「上から目線」でお説教**をされたり、**価値観の押しつけ**をされたりします。

当然、言われたほうはモヤモヤしますよね。

悪気のないふりをして嫌なことを言う人には、どう対処すればいいのでしょうか？

実例

Mさんは、都内の実家から会社に通う独身のキャリアウーマン。

仕事も人間関係も順調なつもりでいましたが、最近、育休から職場復帰した同僚に
「独身って気軽でいいよね〜。私なんて、3人の子どもの世話で毎日戦争よ」

「でも独り身だと孤独死が怖いわよね〜」

などと、**棘のある言葉**を言われ、嫌な気持ちになったといいます。

また、年上のパートさんからは、

「実家暮らしはお金かからなくていいわね。お給料は全部貯金してるの？」

「早くご両親を安心させてあげなさいよ。女の幸せはなんと言っても、結婚して子どもを産むことなんだから」

と**お説教をされた**そうです。

さすがに、その考えには納得のいかないMさんは、とっさに、

「結婚して子どもを産むことが幸せかどうかは、人それぞれではないでしょうか？」

と言い返してしまいました。

ところが、そのパートさんが**ムキになって反論**してきたため、言い争いのような形となり、結果的に時間をムダにしてしまいました。そのうえ、毎日職場で顔を合わせるのが気まずくなってしまったそうです。

言葉の護身術
気づかないふりをして「受け流す」

実例に登場した嫌な人は、言うまでもなくタイプ6の「嫉妬メラメラ」タイプ。ある意味、一番面倒なタイプです。

「独身は気軽でいい」とか「実家暮らしはお金がかからなくていい」と言うのは、Mさんが実家で優雅な独身生活を満喫していることをうらやましく思っているから。

自身では気づいていなくても、**本心では他人がうらやましくてしかたがない**ため、棘のある言葉を言い放ち、攻撃をしてくるのです。

また、Mさんが独身であることをいいことに、「女の幸せは結婚」という価値観を押しつけてマウントを取り、ストレスを発散させているのです。

「自分の価値観を押しつける」あたり、立派なモラハラです。これは、タイプ2の自分の思い通りにしたい「自己中」タイプなので、実例に出てくる嫌な人たちは、「嫉妬」と「モラハラ」の要素を併せ持つ複合型と言えるでしょう。

では、悪気がないふりをして侮辱をする相手に対し、どのような切り返しをすればいいのでしょうか？

これらは、心の奥底にひそむ「嫉妬」や「ねたみ」といったどす黒い感情をオブラートに包んで表現しているケースにすぎません。

このような人たちにまともに返事をしても、ろくなことにならないことは、すでにおわかりだと思います。

効果的な対処法としては、**悪意に気づかないふりをして、にっこりと笑いながら、軽く受け流す**のがベスト。

たとえば、「独身って気楽でいいよね〜」と言われたら、

「**はいはい**」「**まあね〜**」

と、やり過ごす。

「独り身だと孤独死が怖いよね〜」と言われたら、

「**そういう考え方もありますよね〜**」

＼ 相手の悪意をさらっと「受け流す」 ／

と、同調するふりをしてさらっとかわす。

「実家暮らしはお金かからなくていいわね」と言われたら、

「**有難いと思ってます**」

と、今度は素直に認める……。

このように、相手の悪意にはまったく取り合わずに、すべて受け流してしまえば、相手は気勢をそがれて、空回りすることになるのです。無用な争いを防ぐ意味でも、とても有効な方法です。

またMさんは、同期の男性社員から、

「たいした実力もないのに上司に媚びを売っていいポジションにいる」

「女性というだけで特別扱いされている」

などと、いわれのない難癖をつけられることもよくあります。

ただ、本当に仕事ができるかどうかは、いずれわかること。このケースでも、ムキになって言い返さずに、

「**そうかなあ？　よくわからないけど運も実力のうちじゃないの？**」

などと軽く受け流しておくといいでしょう。

ケース 8

「知らないんですか？」とバカにされたら？

職場の嫌な人は、上司や先輩ばかりとはかぎりません。時には、**部下や後輩から嫌がらせを受けるケース**もあります。

コンピュータなどの操作は、若い人たちのほうが得意なこともあり、小バカにされて悔しい思いをする人もいるようです。

一般的には、「**ITハラスメント**」などと言われています。

自分のほうが入社年度や年齢が上だったとしても、部下や後輩のほうが仕事ができるということも珍しくありません。

それはよくわかっているのですが、いざ、自分のことになると妙なプライドが邪魔をして、素直になれない……そんな人は多いのではないでしょうか？

実例

Nさんは、今年で社会人生活12年目に入ります。

昨年、一般職から総合職への転換試験を受けて合格し、今年からチーフとして、チームをまとめる仕事も任せてもらえるようになりました。

社内の評判も良く、「Nさんが言うなら」と他部署でも仕事に協力してくれる人がたくさんいます。

そんなNさんのチームに、O君という新入社員が配属されました。

O君は**イマドキの若者**らしく、上下関係や縦社会が苦手な様子。話すとそれなりの返事が返ってくるものの、何を考えているのかわからないところもあり、Nさんはどう接していいのか戸惑うことが多かったといいます。

そんな折、チーム内で会議が開かれ、O君も参加することになりました。

どうやらO君は**IT関係にめっぽう強く、**それが決め手となって採用されたらしいのです。

ところが、会議の席でO君は、NさんのIT関係の質問に対して半笑いをしながら、

「そんなことも知らないんですか？　基本中の基本ですよ。よく今までやってこられましたね」

と、**かなり意地悪な言い方**をしてきたのです。

ただ、O君の言うことにも一理あったのか、周囲は沈黙したまま。

Nさんは、みんなの前で新入社員O君に恥をかかされた形になってしまいました。

言葉の護身術

知らないことを「逆手にとる」

会社に入って10年を過ぎれば、知識や経験も増え、人脈もそれなりに広くなって、仕事が面白くなってくる時期です。

後輩が増えてきたり、部下ができたりと、責任のある立場を任される人も多いでしょう。自分のことだけを考えていればよかったのが、部下の面倒を見なければいけなくなり、時には厳しく叱責する必要も出てきます。

生意気な部下や、何を考えているのか見当もつかない新入社員の指導をする羽目になり、やっと上司の気持ちがわかったという人もいるはずです。

生意気なくらいであればまだかわいいもの。なかには、ライバル心をむき出しにして、マウントを取ろうとしてきたり、「それではうまくいかないと思います！」などと根拠もない意見で**真っ向から対決を挑んでくる部下や後輩**もいます。

このような困った部下や後輩に悩む人は、意外に多いのです。

彼らの行動は、承認欲求が強い「かまってちゃん」タイプの典型です。

「僕のほうがうまくできるのに……」「私をもっと認めてほしい」といった承認欲求が「かまってちゃん」タイプの主な原動力です。

このタイプには、いったん自分の**プライドを捨てて対処することが賢明**です。

では、「実例」で紹介したNさんは、どんな対処法をとったのでしょうか？

さすがに、その日は悔しさと恥ずかしさで眠れなかったそうですが、Nさんが最新のＩＴツールが大の苦手であったことも事実です。

Nさんは覚悟を決めて、翌日まっすぐにO君のところに行きました。そして、

「昨日はまるでわかっていないような質問をしてしまって、ごめんなさい」

「じつは、私は大の機械音痴でＩＴにもうとくて、本当に恥ずかしいわ」

「あなたは得意そうだから、教えてもらっていい？」

と素直に頭を下げました。

O君は意表をつかれたようでしたが、少し恥ずかしそうに「いいですよ」と言ってそれからは丁寧に教えてくれたそうです。

新入社員に頭を下げるなど、なかなかできることではありません。

結果的に、**「恥をかかされたことを逆手にとった」**Nさんの株は、ますます上がったそうです。

年齢とは関係なく、いくつになっても、変なプライドは捨てて、**素直に教えを乞う**という姿勢を持ち続けることは大切なことです。

その際のポイントは、

「年のせいにしてはいけないけど、IT関係は苦手なの」

と正直に苦手な分野を告白したうえで、

「あなたは得意そうだから、ぜひ教えてほしい」

と、相手をほめながら、教えを乞うようにすることです。

たとえば、次のようなお願いのしかたも効果的です。

「この分野に関しては、師匠と呼ばせていただきます」

「どうすればそんな深い知識が身につくのか、教えてくれない？」

前述したように、相手の長所を認め、ほめたうえで、教えを乞うという姿勢は、相手の承認欲求を満たすうえで、とても効果的な方法です。

部下や後輩でも関係なく、使ってみるといいでしょう。

年下や後輩だからといって、自分の非を認めず、横柄に接したり、素直さや謙虚さを失うと、社内での評判を落としたり信頼を失うことにもつながりかねません。

年齢や立場に関係なく、「素直に、謙虚に」をモットーにしましょう。

ケース 19

他部署の人から、突然クレームを受けたら？

顔もよく知らない他部署の社員から、突然、責め立てられたことはありますか？

相手がなぜ怒っているのか、何を問題視しているのかがわからないのに、

「君のミスで大変なことになってるんだ！」

「責任取りなさいよ！」

などと、**一方的に責められるケース**です。

相手はとにかく興奮して怒っていて、あなたの部署に乗り込んできて、わめき散らしているといったシーンを想像してみてください。

できれば、こんなシビアな状況は避けたいところですよね。

どう対応すればいいでしょうか？

実例

20代男性のAさんがデスクで書類の作成をしていると、目の前に顔を真っ赤にして怒っている1人の女性が立ちはだかりました。

「あなたのミスで大変なことになっているんだけど！」

「どうしてくれるの？」

などと一方的にまくし立ててきたのです。

Aさんはあっけにとられるばかりで、何が起こったのかまったくわかりません。

後から聞いたのですが、この女性は、1階下のフロアにある総務部のBさんという人で、納得できないことがあると、臆することなく**どこの課にも文句を言いに行く**女性として有名なのだそうです。

いきなり大勢の目の前で面識のない女性にまくし立てられ、Aさんは**動悸が激しくなり、パニック寸前**になってしまいました。

Aさんはどのようにして、この難局を乗り越えたのでしょうか？

言葉の護身術

相手の言葉を繰り返して時間稼ぎ

この実例のように、どの会社にも、理由も言わずにいきなり責め立ててくる人はいるものです。

ただ、上司や同僚ならまだしも、顔もよく知らない他部署の人から、いきなり攻撃をされたら、誰でも困惑してしまいます。

いわば「クレーマー」と同じなので、**「クレーマーの対処法」が役に立ちます。**

2章の「心の護身術1」でも説明したように、まずはゆっくりと深呼吸をして、時間稼ぎをしてください。相手からの先制攻撃には、相手が嫌になるくらい落ち着いて見せるのが効果的なのです。

動作をゆっくりとして、意識的にゆっくりと話をしましょう。

とにかく「ゆっくりと」行動するのがポイントだと心得ておいてください。

とはいえ、相手は怒り心頭でまくし立ててきます。とにかく相手の怒りを鎮めなければなりません。

そこで、相手の言ったことを繰り返す「**オウム返し**」という言葉の護身術を使うのです。

相手が言った言葉を使って逆に質問する、相手の言葉の不明瞭なところを見つけて責める――これが「オウム返し」のポイントです。

「君のミスで大変なことになってるんだ！」と言われたら、

「**君のミスって言いましたけど……私のミスということですか？**」

「**大変なことというのは、具体的にどんなことでしょうか？**」

と、相手が言った言葉をそのまま使って問い返してみるのです。ここでもなるべくゆっくりと話して時間を稼ぎ、とにかく体勢を立て直すことに注力します。

絶対に、動揺していることを相手に悟らせてはなりません。平然としていましょう。

次に、相手を「**質問攻め**」にします。

とにかく相手に数多くの質問をして、相手が何に怒っているかを探るのです。そして、ある程度、相手に話をさせたら、相手の言い分を要約してあげましょう。

「**あなたがおっしゃりたいのは……つまりこういうことですね？**」

と、まとめてあげるのです。

＼ 相手が言った言葉を「オウム返し」！ ／

「こちらから仕事を頼んだのに、その後の指示がないということですね？」
「部署が違うので対応できないということですね？」
「こんな短い納期では、対応するのは難しいということですね？」
「メールが長文すぎて、要点がわからないということですね？」

などと、相手の言いたいことを代弁してあげるのです。
だいたい、ここらあたりで相手の怒りもしだいに落ち着いてきます。
そうしたら、タイミングを見計らって、相手の言ったことを再度、確認します。
コツは、**「～で間違いないですね？」**

といった質問形式で確認をすることです。

たとえば、

「こちらが放置をしていたことに関するクレームで間違いないですね？」

「依頼先が間違っているということですね？」

「納期の設定が早すぎるということですね？」

「メールの要点がわからないということですね？」

などと、相手が言った内容を繰り返し、そのまま短く要約するのです。

相手の目を見ながら「申し訳ない」と感情を込めながら話すとなおいいでしょう。

このように、時間を稼ぎながら、相手の怒りを鎮めていくのと並行して、やっていただきたいことがあります。

それは頭の中で、「素直に謝ったほうがいいケースなのか」、それとも「相手の言いがかりで、誤解を解いたほうがいいケースなのか」を考えるということです。

もし、判断がつきかねる時は、最後の手段です。

「至急、確認しますので、少しお時間をください」

こう言って、その場を切り抜けましょう。

時間稼ぎのいいところは、**時間を稼げば稼ぐほど、相手の怒りは反比例して鎮まっていく**ことです。

クレーマーのような言いがかりには、特に効果がある方法です。

社内でわけのわからないことで絡まれたりしたら、ぜひ試してみてください。

ネチ
ガミ
ネチ
ガミ

4章

「グサッとくる一言」を切り返す言葉の護身術

3章では、嫌な人と正面から戦わずに「賢く勝つ」方法をお伝えしました。

この章では、さらに一歩踏み込んで、**「グサッとくる一言」を切り返す方法**をご紹介します。

質問をしても「自分で考えろ」と言われたり、人格否定ともとれる言葉で侮辱されたり、友達のふりをして悪口を言ってきたり……。

理不尽な相手に、好き放題言わせておくのは、もうやめましょう。

やられっぱなしでは、面白くありません。何も言い返さずに、耐えているだけでは、相手になめられる一方です。

とはいえ、こちらから攻撃をしかけて、相手にダメージを与えるようなことはしません。あくまで**賢く冷静に切り返して、相手をチクリとけん制**するのです。

一見、防御をしているだけのように見えて、じつは相手の心に働きかけて、行動を見直させる効果がある実戦テクニックです。

これから紹介する言葉の護身術はあくまで一例です。自分なりに応用をして、使ってみてください。

ケース1

質問をしても「自分で考えろ」と言われたら？

転職をしたり、転勤や違う部署に異動になった時は、**新たな職場環境になじめるかどうか、不安**な気持ちになりますよね。

そんな時、その職場のルールや仕事内容について、親切に教えてくれる同僚や先輩がいてくれたら、とても心強いものです。

逆に、親切に教えてくれるどころか、質問をしても同僚や先輩がまともに答えてくれなかったとしたら、どうでしょう？

「この職場でやっていけるのかな……」と悩んでしまうのではないでしょうか？　当然、業務にも支障が生じるはずです。

もし、新しい職場の同僚や先輩が、**質問をしてもまともに答えてくれないような、意地悪な人**だったら、いったいどうすればいいでしょうか？

実例

転勤初日から先輩の嫌がらせにあった30歳男性Pさんの実例を紹介しましょう。

Pさんの先輩Rさんは、上司からPさんのフォローをするように指示されたにもかかわらず、なぜかPさんに協力をしようとはしませんでした。

Pさんの何が気に入らないのか、引き継ぎ案件について質問に行っても、「人に質問する前に、まず自分でよく考えてみろよ。質問するのはそれからだ」と、むげもなく返されてしまいました。それでは仕事にならないので、しばらくしてから、Pさんが再度質問に行ったところ、

「何度も同じことを言わせるな！」と、取りつく島もありません。

一度も教えてもらっていないのに、何度も同じことを言わせるなと言われても……。

Pさんはほとほと困り果ててしまいました。

しかし、そのままおとなしく引き下がってしまったら、仕事になりません。

Rさんの嫌がらせがこれ以上エスカレートしないようにするためには、Pさんはどう対処すればいいでしょうか？

言葉の護身術

「オウム返しの質問」で、やんわり攻める

Rさんは、「職場の嫌な人7つのタイプ」の中では、タイプ2の「自分の思い通りにしたい」という典型的なモラハラタイプです。

この「自己中」タイプは、得てして他人の弱い立場につけこみ、精神的に追い詰めて、自分の優位性を示そうとする傾向があります。

Rさんのようなモラハラタイプには、「Rさん、ちゃんと引き継ぎしてくださいよ！」などと**正論を言ってもムダ**です。

「仕事というのは自分で責任を持ってやるものだ。他人を頼りにしてはダメだぞ」などと煙に巻かれてしまい、話にならないことが多いのです。

かといって、Rさんは曲がりなりにもPさんの先輩なので、あからさまに反抗的な態度を取ることもできません。

こういうケースでは、「**やんわりとオウム返しをする**」という方法が効果的です。

前述したように、オウム返しとは、「相手の言葉をそのまま使って質問する」「相手

の言葉の不明瞭なところを見つけて指摘する」ということがポイントです。

ただ、上司や先輩に使う時は注意が必要です。相手を責めるような言い方をしてしまうと角が立ち、相手の怒りを買って猛反撃を食らう可能性があるからです。

相手を責め立てるのではなく、むしろ、オブラートに包んで「やんわり」と質問をしたり、不明瞭なところを指摘するようにすると効果的です。

Pさんの例でいうと、

「人に質問する前に、まず自分でよく考えてみろよ。質問するのはそれからだ」

と言われたら、

「**自分なりに考えてみたのですが、よくわからなかったので聞いているんです。どうか教えていただけないでしょうか**」

と、相手の言葉をきちんと受け止めたうえで、丁寧な口調でこちらの言い分を言ってみるのです。**あくまで低姿勢でやんわりと言う**ことがポイントです。

それでも相手から、

「何度も同じことを言わせるな！」

と言われたら、

「すみません、何度も言ってもらわないとわからなくて……」

「あれ？　今回何度目でしたっけ？」

などと、さりげなく嫌味を言ってみてもいいでしょう。相手は「ムッ」とするかもしれませんが、「言いなりにはならない」というメッセージを暗に伝えることが重要なのです。

さらにRさんは、

「みんながそうしてるんだ、だから君もそうしてくれ」

「普通はそうするから、君も同じようにやってくれ」

などと、理由も示さずに自分の考えを押しつけたり、「みんなが」「普通は」などと同調圧力をかけてくることがよくありました。

こうした言葉の圧力には、

「みんなって、何人くらいですか？　反対している人は1人もいないのでしょうか？」

「普通って、何を基準にされていますか？　よくわからなくて……」

と、Rさんの言葉尻をとらえて、オウム返しに質問をすることが効きます。

実際、Pさんがそのように質問をし続けたところ、Rさんは嫌気がさしたのか、しだいにPさんを避けるようになったといいます。その後は、足を引っ張ることもなくなったそうです。

相手の言葉を繰り返す「オウム返し」という方法は、「聞く技術」として紹介されることが多いのですが、言葉の護身術としてもかなり効果的です。

ここでは相手の言葉をそのまま繰り返すという方法を応用して、**「相手の言葉にヒントを得て言い返す」**という実戦テクニックをご紹介しました。

相手の言葉をそのまま繰り返すだけでなく、相手の言葉をヒントにして話をふくらませたうえで、チクリとけん制してみてください。

「みんなが」「普通は」などのキーワードに着目し、「みんなとは?」「普通とは?」とオウム返しでしつこく追及するのです。

相手の言葉にヒントを見つければ、バリエーションは無数に広がります。

これは、じつは弁護士が証人尋問の時に使う技術でもあります。

やんわりとオウム返しを続けていけば、嫌な上司や先輩でも、そのうち音を上げるでしょう。

ケース2

人格否定ともとれる言葉で「侮辱」をされたら？

前項の「やんわりとオウム返しをする」方法は、上司や先輩など目上の人に対して有効な護身術です。ただ、それも程度の問題。もし、あなたの上司が、

「あなたには期待していたが、どうやら完全に見込み違いだったようだ」

「あなたのせいで部署の評判が地に落ちたよ」

などと、「**人格否定**」ともとれる言葉で攻撃してきた場合、「やんわりと〜」などと相手をおもんぱかる必要はありません。

仮にあなたが何らかのミスや失敗をした場合であったとしても、上司にそこまで言われる筋合いはないのです。

ここは躊躇せず、毅然と「**言葉のカウンターパンチ**」をお見舞いしましょう。

実例

女性総合職として、地方から東京に転勤してきたSさんの実例を紹介しましょう。

地方で目覚ましい成績を上げ、それが認められて東京本社に転勤になったSさん。

ところが、配属先の上司Tさんは、Sさんに開口一番、こうつぶやいたのです。

「女性は結婚や出産もあるし、使えないから来てほしくなかったんだけどな……」

Sさんは思わず耳を疑いました。今時、こんな「**男尊女卑のモラハラ発言**」を聞かされるとは思ってもみなかったからです。

「おそらくTさんは、モラハラの常習犯に違いない」

Sさんはそう確信すると、Tさんのモラハラを告発するために、準備を始めました。

Tさんの発言を録音できるようにつねにICレコーダーを携帯し、人事部に告発するルートも確認しました。

そんなある日、事件が起こりました。

プロジェクト終了の慰労会で、TさんがSさんに向かって、

「正直、期待はずれだったな～」

「よくうちの会社に入れたね〜、うちの人事も見る目がないなあ」

と、**明らかにSさんを貶める発言**をしてきたのです。

言葉の護身術

数秒、間をあけて「カウンターパンチ」

Tさんの発言は、完全に人格を否定する「モラハラ発言」です。相手が上司であり、お酒が入ったうえでの発言だったとしても、とうてい許せるものではありません。

ここは忖度《そんたく》も遠慮も必要ありません。**毅然と言い返すことが必要**な場面です。

実際、SさんもTさんに痛烈な「言葉のカウンターパンチ」をお見舞いしました。

「正直、期待はずれだったな〜」

「よくうちの会社に入れたね〜、うちの人事も見る目がないなあ」

というTさんの発言に対し、

「……期待はずれって、それ、どういうことですか？　期待するのはそちらの勝手ですよね。文句は人事に言ってください」

「……よくうちの会社に入れたねって、どういう意味ですか？　Tさんに人事権ある

んですか？　もしかして人事部批判ですか？」

と数秒おいてから、低い声で、そう言い返したのです。そして、とどめに、

「**私を侮辱するのはやめてください。謝っていただけますか？**」

と毅然と言ったといいます。

Tさんは、Sさんの言葉が心底恐ろしかったようで、それ以来、人が変わったように、Sさんに対して丁寧な態度を取るようになったそうです。

「言葉のカウンターパンチ」は、やみくもに言い返せばいいのではなく、そこには効果を最大限に高めるコツがあります。

それは、「**数秒おいてから、低い声でオウム返しをする**」ということ。

人格を否定するようなひどい言葉をとらえて、

「(期待はずれって)**それ、どういうことですか？**」

「(ようちの会社に入れたねって)**どういう意味ですか？**」

と、相手を問い詰めていくのです。

相手の発言にすぐ言い返すのではなく、**少しだけ間をおき、じっくりと相手を問い**

＼時には、毅然と言い返すことも必要／

詰める――。そうすることで、迫力が増し、**言葉の威力が何倍にも高まる**のです。

相手は、普段とは違う肝の据わったあなたの言動に青ざめることになるでしょう。

場合によっては、カウンターパンチを食らわせつつ、録音をしたり、周囲の人を証人にするといった保険をかけておくことも必要です。

職場という関係上、失敗は許されません。Sさんのように、カウンターパンチをお見舞いする前に、慎重に準備をしておくことをおすすめします。

相手があなたのことを「怒らせると怖い人物」と認識してくれたら、当面の目的は果たせたと言っていいでしょう。

ケース3

ひそかに「仲間はずれ」にされたら？

職場では、ひそかに「仲間はずれ」が起こることがあります。

お客様からいただいたお菓子が1人だけ配られない「**お菓子はずし**」。

旅行などのお土産が1人だけ配られない「**お土産はずし**」。

1度だけなら、「うっかり忘れ」であったとしても、それが何回も続くようであれば、故意に行なっている「大人のいじめ」かもしれません。

「子どもじみた、低次元のこと」などと笑っていられるうちはいいですが、それが繰り返されれば、心のダメージが蓄積していきます。**深刻な問題にならないうちに、早めに対処する**に越したことはないでしょう。

職場の「仲間はずれ」にあった時の対処法をご紹介します。

実例

Uさんは、知らないうちに、職場での「お菓子はずし」にあっていました。

当初はまったく気づいていなかったのですが、気の毒に思った同僚がこっそり教えてくれたそうです。

主犯格は同じ課の先輩Vさん。「そう言えば、最近まったく話していないな……」と思い、理由を考えてみましたが、思い当たる節はありません。

Uさんは、「仲間はずれなんて、バカバカしい。子どもっぽいにもほどがあるわ」と、まったく意に介さず、やり過ごすことにしました。

とはいえ、一度、意識すると、気になってしまうのが人間心理というもの。

自分で高級なお菓子を買ってきてわざとおいしそうに食べてみたり、自分からお菓子を配ってみたのですが、モヤモヤするばかりですっきりしません。

そこで、Uさんは**思い切って、Vさんに直談判**することを決意しました。

これ以上、お菓子はずしを気にしていたら、仕事に支障が出ると判断したためです。

言葉の護身術

思い切って「単刀直入」に切り込む

Vさんは、弱い者いじめ大好きの典型的な「サディスト」タイプです。

1人ではたいしたことはなくても、**集団になると強くなる**から注意が必要です。

職場や家庭のストレスを発散するために、仲間はずれをしている場合もあります。

このようなタイプから職場で仲間はずれにあった時は、あれこれ策をめぐらすより、Uさんのように、「単刀直入に切り込む」ほうが効果的な場合が多いです。

Uさんは、給湯室でVさんと2人きりになった際に、率直にこう尋ねました。

「Vさん、私、何かお気に触ることをしましたか？」

「もし何かしたとしたら申し訳ございません。直接言ってくだされば直します」

と言い、ペコリと頭を下げました。

するとVさんは、いかにも気まずそうな表情を浮かべながら、

「別に、何も……」

と言って顔をそむけてしまったそうです。

たったこれだけのやり取りですが、Vさんの表面的な態度に変化は見られなかったものの、お菓子はずしはピタッと止まったそうです。

仲間はずれをする相手に対し、**「単刀直入に切り込む」**のは、**いささか勇気がいる**ことです。しかし、Uさんの例を見ても明らかなように、**効果は折り紙つき**です。

「単刀直入に切り込む」際のバリエーションを見てみましょう。

たとえば、

「鈍感なので、何かあったのなら、直接言ってください」

「何か間違っていたのでしょうか？」

あるいは、一歩踏み込んだ応用編としては、もっと直接的な言い方で、相手をチクリとけん制することもできます。

「私、お菓子がなかったんですけど、もしかして配り忘れでしょうか」

「私だけお菓子がないのですが、まさか、お菓子はずしじゃないですよね」

などと、お菓子が配られなかったことをあえてアピールすることで、仲間はずれにまったく動じていない様子を伝えることができるのです。

もちろん、その逆のパターンも有効です。

「**私だけお菓子を配ってもらえなくて、悲しいです**」

と、感情をストレートに表現してみるのです。

大勢でたった1人を仲間はずれにしている側にとっては、やはりどこか後ろめたい気持ちがあるものです。**その気持ちにつけ込んで、直球勝負を挑む**のです。

弱い者いじめ大好きの「サディスト」タイプは、集団では強いのですが、個人単位になると意外に弱いという弱点があります。前にもお伝えしたように、いじめをする人は、たいてい「精神的に弱い人」が多いからです。

そういう意味でも、単刀直入に切り込み、本音で率直に自分の意見を相手にぶつけるという方法は、効果的なのです。

誰しも「意見を率直に言う」のは怖いもの。その相手が、仲間はずれをする張本人であれば、なおさらでしょう。

多くの人は、「もう関わりたくない」「これ以上事態を悪化させたくない」「変な奴だと思われたくない」といった理由で、言いたいことも言わず、気にしていないふりをするという間違った選択をしてしまいがちです。

ただ、本当に気にしていないのならいいのですが、心の底では気になってしかたがないのに、無理して気にしないふりをするのはよくありません。

それならば、**勇気をもって自分の気持ちを伝えたほうがいい**です。

その覚悟は、当事者に伝わらなかったとしても、必ず周囲の人に伝わります。

本音をオブラートに包み我慢する人が多い中、正直な態度を評価してくれる人は必ずいます。

逆に言えば、その勇気や覚悟が伝わらない職場だったらそれまでのこと。

まったく気にかける価値はないと割り切りましょう。

理不尽な嫌がらせや仲間はずれには、勇気をもって単刀直入に切り込んでください。

本音で腹を割って話せば、理解してくれる人は必ず現れます。

ケース4

容姿や年齢について嫌味を言われたら？

パワハラやセクハラに対する規制が厳しくなったとはいえ、容姿や年齢、仕事ぶりに対して、ちょっとした嫌味を言われることはまだあります。

悪意のある嫌味の場合もありますが、**悪意もなくグサッと傷つくことを平気で言ってくる人**もいるから困ったものです。

そんな相手に対し、無視をしたり、オウム返しで切り返すこともできますが、人間関係がぎくしゃくするのは避けたいところ。それに、「大人気ない」と思われるのもしゃくですよね。

そんな時におすすめなのが「**ユーモアで切り返す**」という言葉の護身術です。

「ユーモア」といっても、ギャグや面白いことを言うわけではありません。

「ユーモアで切り返す」とは、**笑顔で明るくポジティブに切り返す**、という意味です。

実例

Wさんは、繊維メーカーに勤めて丸25年。結婚して子どもも1人いる兼業主婦で、もうすぐ50歳に手が届こうとしています。若い頃はそれこそ会社のマドンナ的存在で、他部署からもWさんを見に来た人がいたというほどの美人だったとか。

ですが、最近、鏡を見てため息をつくことが多くなりました。

というのも、昔から仲が良かった工場のおじさんたちから「Wちゃんも年を取ったね。昔は本当にかわいかったのに」と言われることが増えたためです。

「そんなこと言われたって、人間、年は取るものだし……」

と思うものの、やはり「老けた」と言われると嫌な気分になります。

ただ、**おじさんたちに悪意はまったくない**ことがわかるだけに、モラハラだとかセクハラだと言って責める気にもなれません。

こんな時、どう切り返せばいいでしょうか？

言葉の護身術

「ユーモア」をまじえて明るく切り返す

「Wちゃんも老けたね〜」

またもや工場のおじさんからそう言われたWさんは、

「あら、〇〇さんも年取ったわね！　私が老けたように見えるなんて、目でも悪くなったんじゃないの？」

と言ってみました。すると、そのおじさんは爆笑し、「一本取られたな……」と言って頭をかきながら去っていったそうです。

相手に嫌なことを言われた時、いちいち目くじらを立てていたら身が持ちません。

そんな時は、相手の発言のネガティブな部分には気づかないふりをして、**「ポジティブに切り返す」のがベスト**です。人間的な器が大きく見えることうけあいです。

特に、悪意のないモラハラ発言を連発する「自己中」タイプには効果があります。

たとえば、Wさんのように年上の男性から「老けたね」と嫌味を言われたら、

「えー？　〇〇さんよりは全然若いですよ〜？」

などと、皮肉まじりに、明るく言い返してみるといいでしょう。

「まだ、仕事終わらないの〜？」と、暗に「仕事が遅い」と嫌味を言われたら、

「すみません、現在進行中です！」

「早く使える人材になってよ〜」と、暗に「使えない人材だ」とほのめかされたら、

「使ってもらえるように一生懸命頑張ります！」

と笑顔で明るく返すことを心がけるのです。あるいは、相手によっては、

「私の使い方がわからないなら、トリセツを差し上げましょうか？」

と、機転をきかせた切り返しをすると、相手は思わず目を見張るかもしれません。

ほかにも、「まだ結婚しないの？」という余計なお世話発言に対しては、

「もうすぐするんです！　相手さえできればすぐに！」

と言って煙に巻いてしまうといいでしょう。ちなみに、私の知り合いに、

「最近、化粧濃いよね」と言われて、「舞台メイクに凝ってるんです」と返した人や、

「いつも顔色悪いよね……」と言われて、「最近、ゾンビ映画にはまってるんです」と笑いながら言っていた人もいます。

とにかく明るく笑顔で、嫌味を撃退することを目標にしてみてください。

ケース5

悪意のある言葉を投げつけられたら？

容姿や年齢、仕事ぶりなどに対する嫌味でも、それが悪意のないものだとしたら、「ユーモアをまじえて明るく切り返す」こともできます。

ただ、それが**悪意のこもった嫌味**だとしたら、とてもそんな心境にはなれません。

たとえば、久しぶりに会った同僚から「マタニティかと思った～、ずいぶんぽっちゃりしたね。面影ないなあ」などとからかわれたり、上司から「前から思ってたんだけど、君、今の仕事向いてないんじゃない？」と嫌味を言われたり……。

そんな時は、相手が驚くような切り返しをして、相手をぎゃふんと言わせたいところ。こちらも**「不意打ち」を食らわせる**のです。

ここでは、そんな場合の、面白くてかつ効果的な切り返し方をお伝えします。

実例

Xさんは、朝イチで上司のYさんから、

「今日、疲れてない？　年齢が顔に出てるわよ〜」

と**先制パンチを食らってしまいました。**

「昨晩は、お風呂で半身浴とパックをし、美容のゴールデンタイムと言われる午後10時にはベッドに入ったのに……。なんで朝からこんなに感じの悪いことを言われないといけないの？」

朝からショックを受けたXさん。でも、内心の葛藤を表情に出してしまったら、Xさんの負けです。

そんな表情は一切せずに、にっこりと笑いながら、

「おはようございます！　私のモットーは『**金持ち喧嘩せず**』なんです！　では、失礼します」

とだけ言って去っていったそうです。

Yさんはあっけにとられて、呆然とXさんの後ろ姿を見送ったそうです。

「ことわざ」を使って、出鼻をくじく

「金持ち喧嘩せず」ということわざでYさんを煙に巻いたXさん。

じつは、Xさんがその言葉を使ったこと自体に、**深い意味はありません**。

朝イチでYさんからかけられた言葉が感じ悪いと思ったので、

「私は金持ちセレブなんで、あなたの失礼な言動なんて気にしません！」

という意味を込めて、悔し紛れに言っただけだそうです。

「実際はセレブでもなんでもないのですが……」とXさんは、恐縮しながらそう答えてくれました。

このXさんの切り返し、私は素晴らしいと思います！

じつは、Xさんが「金持ち喧嘩せず」という言葉を使って切り返した方法は、言葉の護身術としてとても有効です。

普段の会話では**あまり使わない言葉（ことわざや四字熟語）を不意打ちで使う**ことによって、相手を混乱させて煙に巻くテクニックです。

少し奇をてらった方法ですが、かなり効果はあります。しかも、上司や先輩、同僚、後輩、部下、いずれに対しても広く使えるので、覚えておくと便利です。

ことわざや四字熟語をいきなり言われたら、たいていの人は、その言葉の意味に気をとられ、会話の内容とどういう関係があるのかを考えて、混乱してしまうのです。

まさに「不意打ち」です。

話の内容にまったく即していないことわざや四字熟語でも構いません。

むしろ、**少し論点がずれた言葉を使う**ほうが、**相手を混乱させるうえでは有効**です。

相手と真正面から戦うのではなく、攻撃を受け流すことがこの護身術の真髄なのです。

あなたも、使えそうなことわざや四字熟語をストックしておくといいでしょう。

上司から「今の仕事向いてないいんじゃないの？」と嫌味っぽく言われたら、

「そんなこと言われるなんて、『泣きっ面にハチ』です」

と、あえて上司から言われた内容に近いことわざで返してみたり、逆に、

「『おごる平家は久しからず』などと言いますからね」

と、少し論点をずらしたことを言って、煙に巻くのもおすすめです。

同僚が容姿についてからかってきたら、

「『蓼《たで》食う虫も好き好き』って言うでしょう。『親しき中にも礼儀あり』だよ！」

などと、まともに返してみたり、

「『覆水盆に返らず』ってことわざ、知ってる？」

などと、まるで関係のないことわざを言って、相手を混乱させてしまうのです。

ことわざより四字熟語のほうが使いやすい人は、四字熟語を使ってみてください。

「今の仕事向いてないいんじゃないの？」と言われたら、

「『人事天命』という言葉をご存じですか？」

などと、嫌味っぽく返してみたり、逆に、

「私の好きな言葉は、『馬耳東風』です」

などと、皮肉を込めて言うと、相手は思わず考えて込んでしまうかもしれません。

もし、相手が、「どういう意味なの？」などと問いただしてきたら、

「ご存じないのですか？　ご自身でお調べください」

と軽く嫌味で返すこともできます。ぜひ、一度お試しください。

＼ 論点がずれた言葉で混乱させる ／

ケース6

同期の友人から、悪口を言われたら？

友人だと思っていた同僚から、第三者の前で「**棘のある言葉**」を言われたり、**評判を落とすような発言**をされたら、どうしますか？

ほとんどの人はあっけに取られて何も言えなかったり、苦笑いをしてやり過ごしたり、せいぜい「そんなこと言うなんて、ひどいなあ」とこぼすくらいではないでしょうか。

もちろん、同僚の発言に怒って抗議をする人もいるでしょう。

でも、たいていは「冗談だよ、真剣に怒るなよ」などと言われ、「冗談の通じない人」という損な立場に立たされてしまうことが多いように思います。

ここでは、友人だと思っていた同僚から、突然ネガティブ発言をされた時、上手に切り返す方法を紹介します。

実例

Zさんはおとなしくてあまり目立たないタイプの男性です。職場では、同期のAさんが数少ない友人の1人でした。

ある時、AさんがZさんの課の飲み会にたまたま合流することになりました。

Zさんの課の上司や先輩には優秀な人が多く、将来の役員候補と言われている人もいます。優しい人ばかりで性格が悪い人など1人もいないため、Aさんからはいつもうらやましがられていました。

その日、飲み会に合流したAさんは、開口一番、

「Zって友達少ないんですよ〜。同期の中でも若干浮いていて、正直、僕しか飲みに行く人いないんですよ」

などと、**ちょっとしたネガティブキャンペーン**を始めたのです。

Zさんは、驚きのあまり、とっさに言葉が出てきませんでした。

Aさんの発言は、Zさんを**貶めたいという思惑が透けて見える、棘のあるもの**だったからです。そのうえAさんは、

「Zって正直、ちょっとダサくないですか?」
「女子の評判も最悪なんですよね」
と、さらなる攻撃をしかけてきたのです。

言葉の護身術

「あ、そうなんだ!」と攻撃を無力化する

Aさんは、どうやらZさんのポジションや人間関係に嫉妬をして、あわよくば引きずり下ろそうとねたんでいるようです。あいつより自分のほうが上という「嫉妬メラメラ」タイプの典型です。

Aさんは、Zさんを攻撃することで、Zさんの感情を揺さぶり、暴言を吐かせようと舌なめずりしながら待っているのかもしれません。

距離が近い人物ほど、嫉妬やねたみの念は強くなるものです。

そんなどろどろとしたマイナス感情を、一気に無力化する言葉があります。それが、

「あ、そうなんだ! そんなふうに思ってたんだ」

という言葉です。

じつは、「あ、そうなんだ！」という言葉はとても便利な「魔法の言葉」です。

ある事実や事象に対して、自分の感情を一切入れることなく、**ありのままに受け止めることができる言葉**だからです。

ドイツの著名な心理学者バルバラ・ベルクハン氏は、著書『ムカつく相手を一発で黙らせるオトナの対話術』の中で、次のように述べています。

「『あ、そうなんだ！』は『この世の出来事に対する唯一の正しい反応』であって、相手から繰り出される攻撃的な言動のほとんどに対し『あ、そうなんだ！』とだけ言えばやり過ごすことができる」と。

日常生活を振り返ってみると、たとえば、不愉快なことを言われた時に、無意識のうちに感情を入れることなく、「そうなんだ～」「そうなんですね」と返している人は多いでしょう。

バルバラ・ベルクハン氏は、「あ、そうなんだ！」とだけ言っておけば、あらゆる状況に対応することができるとさえ言っています。

ここで紹介する言葉の護身術では、「あ、そうなんだ！」に続けて、**「そんなふうに思ってたんだね」という言葉をつけ足す**ことがポイントです。

「そんなふうに思っていたなんて、ひどいなあ」というニュアンスが込められているのですが、あえて感情は入れません。

「そんなふうに思ってたんだね」とだけ言うことで、**感情的になることなく、冷静な対応ができる人**と周囲に思わせることができます。

それに、わざわざ感情を入れなくても、暗に相手を非難する意味合いを込めることもできるのです。

Zさんはひとしきり沈黙した後、

「**あ、そうなんだ!　そんなふうに思ってたんだね……**」

と一言だけ返したところ、Aさんはバツが悪くなったのか黙ってしまい、それ以降はZさんに対するネガティブ発言をしなくなったそうです。

本当に便利な言葉なので、ぜひ使いこなしていただきたいと思います。

ケース7

一方的に「残業」を押しつけられたら?

職場で、次のような理不尽な目にあった経験はありませんか?

何かと損な役目を押しつけられたり、質問をしてもまともに答えてもらえなかったり、なぜか上司から八つ当たりされたり……。

そんなことがあなたに集中している原因は、あなたが職場の人から**何をしても文句を言わないと思われ、軽んじられている**からです。

職場の人があなたを軽んじているのは、あなたが口答えをせずに、理不尽なことにも我慢しているからなのです。

では、どうすればいいのでしょうか?

2章で「いい人になるのはやめましょう」と提案しました。ここでは、それよりも一歩進んで「**面倒な人になるキャンペーン**」を提案したいと思います。

実例

Aさんは10年間勤務した地方銀行を退職し、中堅どころの機械メーカーに事務職として転職しました。職場の人間関係がもとでうつ症状を発症し、休職が続いたことが転職の原因でした。

ようやく健康を取り戻したAさんは、転職先ではとにかく周囲ともめないようにしようと決め、雑用などは進んで引き受けていました。

ところが、Aさんの努力もむなしく、上司からはしょっちゅう八つ当たりをされたり、同僚からは**一方的に残業を押しつけられたりする**日が続きました。

「すみません、聞きたいことがあるんですが……」と女子社員に質問してもまともに返事をしてもらえないことも多く、パートの中年女性だけがAさんの心のよりどころでした。

このままでは、以前の職場と同じ状況になってしまうかもしれない……。

Aさんの不安は募るばかりでした。

なぜ、Aさんはいつも同じような目にあってしまうのでしょうか。

言葉の護身術

「面倒な人」キャンペーンを始める

Aさんは、真面目で謙虚で人柄もよく、そこは周囲も認めるところです。

では、なぜ、Aさんは周囲から軽んじられてしまうのでしょうか?

Aさんが何をしても文句を言わない**「都合のいい人」だと思われている**からです。

職場に「いい人」と「面倒な人」がいたら、自身が被るストレスを少なくするためにも、文句を言わない「いい人」をないがしろにして「面倒な人」の機嫌を取るのは、ある意味合理的な判断だと言えます。

いじめの対象になるのは、いじめたらギャーギャー騒いですぐに人事部に駆け込むような「面倒な人」ではなく、自分が至らないせいだと思ってくれる「いい人」が圧倒的に多いのです。

Aさんは前職での苦い経験から、とにかく周囲には「いい人」と思われようと努力していました。そのようなAさんの態度から、この人は八つ当たりをしたり、損な役目を押しつけても我慢すると思われて、ターゲットにされていたのです。

「いい人」をやめ、「嫌な人」「面倒くさい人」になるにはどうすればいいでしょうか。

一番の早道は、**謝るのをやめる**ことです。

「ごめんなさい」「すみません」「申し訳ございません」はひとまずNGとするのです。

Aさんも口癖のように「すみません」「申し訳ありません」を連呼していました。

謝ること自体はもちろん悪いことではありません。

ですが、必要以上に謝っていないかということなのです。

謝る必要などないのに、「すみません」と言ってその場をしのいでいませんか？

知らず知らずのうちに卑屈な態度をとっていないか、まずチェックしてみましょう。

次に、「**とりあえず言い返してみる**」ことです。

嫌がらせをされて何も言わないと、今の立場に納得していると思われてしまいます。

嫌なことは嫌ときっぱりと断る勇気をもつことが大切です。

1章で紹介したように、「面倒な人になるキャンペーン」と題して、まずは不満に思ったことについて、少しずつ言い返してみてはいかがでしょうか？

質問をしてもまともに応えようとしない女子社員には、

「**仕事上、質問しているんです。教えていただけませんか？**」

＼「いい人」をやめて、「面倒な人」になる／

とハッキリ言いましょう。

一方的に残業を命じられたら、

「**今日は残業はできません。明日なら何とかなります**」

職場の雑用を押しつけられたら、

「**私は雑用係ですか？　誰が決めたんですか？**」

などと、とにかく一言だけでもいいから言い返してみるのです。すると、世界が明らかに変わっていきます。

「どうして今まで我慢することに甘んじていたのだろう？」と、今までの自分が信じられなくなるかもしれません。

それくらい、我慢せずに自分の意見を率直に述べることは、簡単なことですし、今の状況を一変させる効果があります。

ぜひ、ゲーム感覚で気楽に取り組んでみてください。

ケース 8

圧の強い上司から目の敵にされたら？

職場でトラブルに見舞われた時に、**周囲が味方をしてくれたら心強い**ものです。

たとえば、部下の言い分をまったく聞こうとせずに、自分の意見を押しつけようとする**モラハラ上司はどの職場にもいます**。部下が自分の意見に反対をしようものなら、長時間説教をしたり、毎日ネチネチと嫌味を言い続けてきたりします。

もし、この上司をモラハラで告発するためには、録音等の物的証拠が必要です。

ただ、わざわざ証拠を取りにいかなくても、証言してくれる人が複数いれば、それ自体強力な証拠となります。あなたが上司とトラブルになった時に、味方をしてくれる人は何人いるでしょうか？

1人もいない……？

大丈夫。これから味方をつくればいいのです。

実例

Aさんは入社5年目ですが、モラハラ上司と噂をされるBさんの下につくことになりました。

Bさんは部下の意見をまったく聞かず、**最終的には自分の意見を押し通す**タイプです。

Aさんは、最初の会議でBさんの提案に対してやや批判的な意見を述べたために、Bさんから目の敵にされてしまいました。

Bさんは、「僕の考えに反対するなんて、君はよっぽど優秀で自信がおありなんでしょうね」と嫌味っぽく言ってきたり、「女性のくせに生意気だ！」「失敗したらただではおかないぞ」などと言ってプレッシャーをかけてきます。

Aさんの我慢もそろそろ限界です。

言葉の護身術 周囲にアピールして、味方を増やす

Bさんは、「自分の思い通りにしたい」という典型的なモラハラ気質の持ち主です。

そんなBさんに対して、Aさんが取った方法は、「**周囲にアピールして味方につける**」というものです。

この方法は、悪いのは他人のせいという「自己正当化」タイプにも効果があります。このタイプとは、2人だけでやりあってもらちがあきません。相手は自分の間違いをけっして認めようとはしないからです。

そこでAさんは、Bさんから「女性のくせに生意気だ」「失敗は許さない」などと言われたら、その都度、**わざと周囲に聞こえるように大きな声で、**

「え〜、それってモラハラじゃないですか？」

「私はBさんの言いなりにならないといけないのですか？」

などと、冗談めかして言うようにしたのです。

その一方で、Aさんは、日頃からBさんの言動について、社内の人に何度も相談をするようにしました。

また、仕事に対しては誠実に取り組み、社内での信用を上げるように努力しました。

AさんとBさんのどちらの言い分が正しいのか？

どちらが本当のことを言っているのか？

こうした究極の事態になった場合、結局は**人としての信用力が問われる**からです。

少しでも信用力を高めるため、Aさんは日頃から言行一致の行動をするように心がけました。つまり、自分が言ったことに責任を持つこと、少なくとも「責任を持とうとしている人」だと周囲に認めてもらえるように努力したのです。

半年ほど経過した後、Bさんのモラハラ発言がますますひどくなってきました。

そこで、Aさんは満を持して、Bさんに対して反撃をすることにしたのです。

Bさんからモラハラ発言を受けた瞬間に、

「Bさん、失敗したのはおまえのせいだとか、女性のくせに生意気だとか、完全にモラハラじゃないですか！　さすがに許せません！」

と、周囲に聞こえるように大声で言ってみたのです。

いつもと違う真剣なAさんを見て、Aさんの周囲に人が集まってきました。

「大丈夫？」

「なんて言われたの？」

「人事に言いに行きましょう！」

こうした声が次々あがり、そのうち誰かが人事に連絡をしたようで、すぐに人事部から人が駆けつけました。

「Bさん包囲網」はしっかりと完成していたのです。

Aさんの涙ぐましい努力が功を奏した瞬間でした。

Aさんから学ぶべきは、「**社内の根回しは1日にして成らず**」ということ。地道な努力が必要だということです。

ハラスメントを撃退するためには、それくらいの覚悟が必要だと覚えておいてください。その対価として、快適な職場環境というご褒美が手に入ります。

周囲にアピールして味方につけることは、数を味方にできるということです。

まずは、「それってモラハラですよね〜」とか、「訴えられるレベルですよ〜」と冗談めかして言い続けてみてください。

地道な努力が必要ですが、やる価値は十分にあると思います。

5章

「やっかいな強者」も撃退できる言葉の護身術

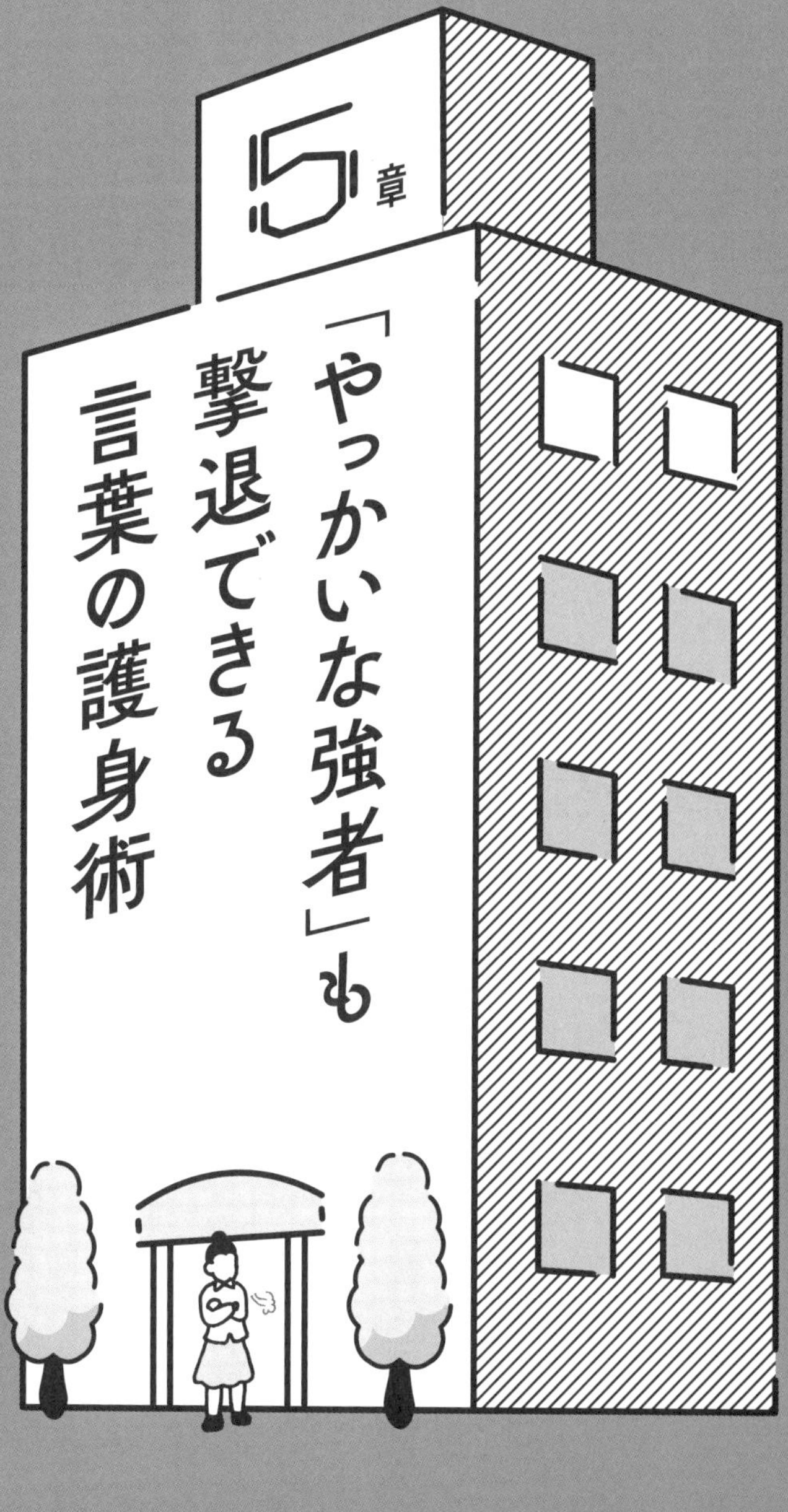

いよいよ最終章となりました。

これまで、嫌な人と正面から戦わずに「賢く勝つ」方法や、グサッとくる一言を切り返す方法を、具体的に紹介してきました。

最終章では、**一癖も二癖もあるやっかいな相手から自分を守る**ための「言葉の護身術」を紹介していきます。

基本スタンスは、これまでと一緒。あくまで「相手から自分を守る」ための防御テクニックです。こちらから積極的に喧嘩をしかけたり、相手を傷つけたりすることが目的ではありません。

とはいえ、理由も言わずにダメ出しをしたり、人前で侮辱をして恥をかかせようとしたり、プライバシーに土足で踏み込んできたり……このような**無神経な相手には時には強烈な切り返しも必要**です。

ここでは、そんな積極的な方法が登場します。

ぜひ、自分のものにして、やっかいな相手から上手に自分を守ってください。

ケース1

理由を説明されないまま、ダメ出しされたら？

どの職場にも、指導をするふりをして、嫌味を言ったり、嫌がらせをしたりする嫌な上司はいるものです。

何が悪いのか理由をきちんと説明もせずに、頭ごなしに叱ったり、何度もダメ出しをしてやり直しをさせたり……。あなたも心当たりがあるのではないですか？

要するに、彼らは、**指導という名のもとに、部下にきつく当たって、反応を見ながら楽しんでいる**のです。

表面上は、上司による指導なのか、嫌がらせなのかの区別がわかりづらいため、職場で問題が発覚するまでに時間がかかるケースも少なくありません。

こんな陰湿な上司に対して、効果的に切り込んでいく方法を紹介します。

実例

Gさんは、課の先輩であるHさんの指導方法に悩んでいました。

HさんはGさんの5年先輩であり、Gさんを教育する立場にあります。

ところがHさんは、いつも一方的に、

「君の報告書、何あれ？　全然使えない」

「もう少しうまくまとめてもらわないと、こっちが困るよ」

と言うだけで、**何が悪いのかを具体的に指摘しようとしません**。

理由が皆目わからず、訂正のしようもないため、Gさんは困惑するばかりです。

言葉の護身術 「具体的にどこが？」で撃退する

Hさんのように、何が悪いのか理由を示すことなく、一方的に相手を責めるだけの上司は、意外なほど多いです。

おわかりのように、Hさんは自分の思い通りにしたいという典型的な「自己中」タイプ。部下を支配したいという願望も強く、「とにかくダメ」と一方的に批判することで、自分の優位性を主張しようとする「完璧主義者」タイプの傾向もあります。

このタイプは、抽象的かつ感情的な指摘を繰り返すだけで、相手を指導する気もなければ、能力を伸ばしてやろうという気もさらさらありません。

Gさんは悩んだ末に、Hさんの理不尽な指摘に対し、**「具体的な指示をしてもらえないか」**とお願いをすることにしました。

「全然使えない」とか「これはダメ」といったHさんのダメ出しに対し、

「ご指摘はごもっともです」といったん肯定したうえで、

「具体的にどの部分が使えないと思われたのでしょうか？」

「なぜダメなのか、具体的に理由を教えていただけませんか？」

といったように、お願いをしたのです。

じつはこの方法は、覚えておくといろいろなケースで応用できるため便利です。

相手に「具体的に指示をしてもらえないか」とお願いをすることで、**相手の指摘の曖昧さを「暗に批判する」高度なテクニック**なのです。

言われた相手は、何が悪いのかきちんと理由を説明する必要に迫られます。それができなければ、感情的に嫌がらせをしていたことが明るみになってしまうのです。

表面上は、上司の指示に熱心に耳を傾け、何とか上司の要望に応えようとする真面目な部下のように見えるため、相手に効率的に反論することができます。

案の定、Hさんは、Gさんの質問に口ごもり、「そんなこと、自分で考えろ！」と言うだけでGさんの質問にまともに回答することはできませんでした。

課の中でも、Hさんが感情的になってGさんを責めていることが徐々に明らかになり、Hさんに対する信頼は失われていきました。

その後、Gさんの指導係は別の先輩に替えられたということです。

ここで紹介した**「具体的に何が？」「具体的にどの部分が？」**と**「特定」をうながす指摘**は、法曹界では頻繁に使われます。

たとえば、損害賠償請求でも、「何が損害なのか」相手が具体的に言ってくれないと防御のしようがありません。

抽象的な表現を使っていると、すぐに裁判官から「損害を具体的に特定（指示）してください」と注意されてしまうのです。

具体的な主張をすることがいかに大切かがおわかりいただけるでしょう。

ケース2

人前で叱られて、恥をかかされたら？

職場には、**人前でわざと叱ったり、侮辱をしたりして、恥をかかせようとする意地悪な人**もいます。

私にも経験がありますが、営業成績が振るわないのを人前で指摘され、叱責されるのは本当につらいもの。

人前で叱ったり、侮辱をしたりすることが発奮材料になる、というもっともらしい言い分で、社員を追い詰める上司は後を絶ちません。

そのようなつらい目にあった時の対処方法をお伝えします。

実例

Iさんは入社3年目の営業社員。給与は「基本給＋歩合制」で、毎月のノルマもあります。

最近は不景気ということもあり、まったく契約が取れない日も珍しくありません。

Ｉさんの今月の契約はまだゼロ。

上司のＪさんは、Ｉさんに対して、

「そんな仕事ぶりじゃ、ほかの人に迷惑がかかるよ、わかってるの？」

と厳しく当たってきます。

何とかしたいのはヤマヤマですが、気持ちが焦るばかりで結果に結びつきません。

いよいよ月末の締め日となりました。Ｉさんの成績はまだゼロのままです。

何とか1件だけでも契約を取りたいと思い、得意先を回ってみたのですが、やはり成果はなく肩を落としながら帰社しました。

その時です。Ｊさんはほかの社員も見ている前で、

「やる気はあるのか！」

と、Ｉさんを大声で叱責したのです。

このように**大勢の前で叱責し、部下に恥をかかせるモラハラ上司**に対して、どのように対応するのがよいのでしょうか？

言葉の護身術

感情だけ伝えて「控えめに抗議」

大勢の前で叱責をして恥をかかそうとするJさんは、典型的なモラハラ上司。

「今の言葉はハラスメントですよね！」と抗議するのも1つの手です。

ただ、現実問題として、Iさんのように1件も契約が取れていない状況で、上司のモラハラを告発するのは心理的に抵抗があるという人も多いでしょう。

こんな時は、とにかく「**自分の感情だけを相手に伝える**」言葉の護身術が有効です。

「**みんなの前で叱責をされて、正直ショックです**」

「**一生懸命やっているのに、やる気はあるのかなんて言われて悲しいです**」

などと、自分の感情だけを相手に伝えるのです。

「契約が1件も取れていない」という後ろめたさがある手前、正面から抗議をするわけにはいきません。でも、この方法なら**控えめに抗議をすることができる**のです。

1つだけ気をつけていただきたいのは、人前で叱責された時に、ついカッとなって「そんなの、しかたがないでしょう！」などと反論するのはNGだということです。

事情をよく知らない人には、「あいつは仕事もできないくせに、口答えだけは1人前だ」などと思われる危険性があるからです。

相手から理不尽なことを言われた場合、ついカッとなってこちらの言い分を含めて相手を攻撃したくなるものです。

メールやラインでも長々と自分の言い分を主張してくる人を見かけます。でも、メールやラインはあとあとまで残りますし、長文で反論を書いたところで反発心をあおるだけです。最悪の場合、修復不可能な事態に発展しかねません。

そんな時は、言いたいことをぐっとこらえて、**「そんなふうに言われて、悲しいです」「ショックです」**といった感情だけを伝えるにとどめます。

この「自分の感情だけを相手に伝える」言葉の護身術は、私もよく使っています。

どうしても反論したい場合は、少し時間をあけて落ち着いてからにしましょう。

「自分の感情だけを相手に伝える」テクニックは、反論することによる致命的な事態を回避する効果があると同時に、必ずしも納得しているわけではないという控えめな抗議の意味も含んでいます。

さまざまな場面で使えますので、ぜひ、覚えておいてください。

ケース3

事実を確認せずに、一方的に「非難」されたら？

事実を確認せずに一方的に非難をする上司。

指示したことを忘れて、指示通りの仕事をした部下を叱責する上司……。

あなたも心当たりがあるかもしれません。

指示したことを忘れてしまったのは上司のミスです。にもかかわらず、「自分は間違っていない」「悪いのは相手に違いない」などと、**自己正当化するタイプの上司にはほとほと困らされた**経験がある人も多いのではないでしょうか。

こんな上司が相手の場合、話がこじれないうちに、さっさと切り抜けるのが賢明です。ただ、口で言うほど簡単にはいかない場合もあります。

ここでは、そんな時に有効な言葉の護身術を紹介しましょう。

実例

Kさんは、新規の大口取引先であるL社の担当を任されました。

Kさんはもともとマメな性格で、丁寧な仕事ぶりには定評があります。

今回も、L社の担当者との連絡はこまめにしていたのですが、週明けの月曜日に上司のMさんから呼び出され、L社からクレームが入っていると言われたのです。

Mさんは当初、Kさんの言い分を聞こうともせず、

「君のせいでL社が下りると言っている！」

「どうしてくれるんだ？　いったいどう責任を取るつもりなんだ!?」

と、**すごい剣幕で詰め寄ってきます**。

Kさんは、そもそもL社がどんなクレームをつけてきたのかも聞かされていません。

上司のものすごい剣幕に動揺してしまったKさんは、とにかく深呼吸をして、気持ちを落ち着かせることに努めました。

このようなピンチに陥ったら、どう切り抜ければいいでしょうか？

言葉の護身術

メモ帳を開き、「無言の圧力」をかける

上司がものすごい剣幕で怒っている場合、自分が悪くないにもかかわらず、非を認めてしまい、平謝りをしてしまう人は少なくありません。

でも、身に覚えのないことで、むやみに謝るのはやめましょう。

ここは、気持ちを落ち着かせて、**まずは事実確認をすることが大切**です。

「やるべきことはきちんとやっていた」と自らの潔白を証明する意味でも重要です。

Kさんが行なった対応は、とても参考になります。

「**大変、申し訳ありませんでした。事実確認をしたいので、相手からのクレーム内容について具体的に教えていただけますか？**」

Kさんはそう言うと、**メモ帳を開き、上司のMさんに次々と質問**をしていきました。

「**まず、L社からクレームがあったのは正確にはいつのことでしょう？**」

「今日の9時きっかりにお客様相談室にクレームの電話が入ったそうだ」

「**では、L社は始業時間が始まってすぐに電話をしてきたのですね？**」

「始業時間を待ってたんだろう」

「ということは、先週の金曜の夜か土日に問題が発生した可能性がありますよね」

などと、上司に質問をしていき、一個一個事実をメモに書き留めていきました。

じつは、このひと手間がとても大事なのです。

メモを取ることの重要性は、いくら言っても言いすぎることはないほどです。

頭の整理になりますし、記憶を呼び起こしたり、あとあと証拠としても役立ちます。

裁判でも依頼者の方が「こんなメモしか残っていないのですが……」と見せてくれたメモが、勝敗を分ける重要な証拠になることも珍しくありません。

また、メモを取るという作業は、理不尽な言いがかりをつけられた時に**あなたを守ってくれる強力なツール**にもなります。

Kさんがメモ帳を開きメモを取る姿勢を見せることで、上司のMさんはやみくもにKさんを非難することはできなくなり、慎重に対応せざるを得なくなるのです。

つまり、Kさんは低姿勢ながら、

「しっかりと事実確認をさせていただきますよ」

「ちゃんと記録していますよ」

＼ メモは「自分を守る」強力ツール ／

という**「無言の圧力」をかけている**わけです。

こうして、Kさんが事実確認をしていった結果、Kさんに落ち度はなく、L社の担当者がKさんのメールを見過ごしていたことが原因だと判明しました。

そもそも、クレームの内容は、「頼んでいた見積もりが締め切りまでに来ない。どうなっているのか?」というものでした。L社の担当者がうっかりKさんからのメールを見過ごしていたのです。

Kさんは、メールを送るのと合わせて担当者に電話を入れていました。しかし、担当者が不在であったため、伝言をお願いしたのですが、それすらも伝わっていないことがわかったのです。

KさんがL社の担当者の上司に経緯を説明すると、「こちらの担当が至らずご迷惑をおかけしました」と恐縮していたそうです。

Kさんは無事、上司の疑いを晴らすことができ、取引先の信頼も損なわずに済みました。

「メモ帳を開き、メモを取ること」は、必ずあなたを守ってくれるはずです。

ケース4

上司に「手柄」を横取りされたら？

上司に手柄を横取りされたことがある人は、少なくないでしょう。

せっかく下準備から根回しまで一生懸命やって成功したのに、「俺がやった」とばかりに上に報告する上司は残念ながら少なくありません。

残念ながら世の中には**「手柄は自分のもの、失敗は部下のせい」**という最低の上司がいるのです。

このような上司は、「もっとほめて！　もっと認めて！」という承認欲求が高い「かまってちゃん」タイプに多いようです。

こんな上司の下にいるかぎり、いつまでたっても、あなたの努力が日の目を見ないこともあり得ます。どうすればいいでしょうか？

実例

Nさんの上司Oさんは、「**手柄を横取りする**」典型的な嫌な上司でした。

Nさんが1人で開拓した新規取引先に対して、Oさんは何のフォローもしませんでした。そのくせ、最後の契約の時だけは同行し、上には**あたかも自分が新規開拓したかのように報告**をしたのです。

また、特に質のいい優良な取引先だと判断すると、Nさんが担当だったにもかかわらず、なかば強引に自分を担当者にすることもありました。

Oさんの手柄の横取りは、ある意味徹底していました。Oさんは、すべてそのやり方でのし上がってきたのです。

言葉の護身術

「この件、貸しですよ」と、軽く釘を刺す

Nさんとしては、Oさんに手柄を横取りされてばかりでは、面白くありません。

そこで、Nさんが考えたのが、「**一言釘を刺しておく**」という方法です。

釘を刺すといっても、上司であるOさんに「僕の手柄を横取りするのはやめてください」などと、相手をあからさまに責めるのは得策ではありません。

この場合、**冗談ともとれるような軽いノリで言う**ことがポイント。けっして、上司に対し、敵意をむき出しにしてはいけません。たとえば、

「**この件、貸しですよ～**」

「**今度、おごってくださいね**」

「**忘れませんからね**」

などと、**あっさりと、一言だけ釘を刺しておく**のです。

冗談を言うような軽いノリではありますが、その言葉に込められた真意は、「いつまでも黙っていませんよ。覚えていますよ。あんまりなめないでくださいね」というシビアなもの。そのアピールによって、**Oさんに無言のプレッシャーを与えた**わけです。

Nさんからそう言われたOさんは、「何のことだ?」などととぼけていましたが、Nさんが「またまた～、とぼけないでくださいよ!」と返すと、それ以上は反論してこなかったといいます。

Oさんも心の中では、Nさんの手柄を横取りし、自分の功績にしているのは十分にわかっているのです。

Nさんが「いつまでも黙っていませんよ」とアピールしたことで、少なからず脅威に感じたのでしょう。それ以来、たまにおごってくれたり、いい案件を回してくれるようになったそうです。

このように、手柄を横取りするようなやっかいな上司には、一言釘を刺しておく言葉の護身術がかなり有効です。

「いつまでも黙っていませんよ」「あんまりなめないでくださいね」とアピールすることで、上司が好き放題するのをやめさせる抑止力になります。

ただ、**相手は上司ですから、深追いは禁物**です。

あくまで一言だけにとどめておきましょう。

ケース5

上司から「失敗」を押しつけられたら？

上司や先輩から、失敗を押しつけられそうになった人は少なくないでしょう。

あからさまに押しつけられることもあれば、知らないうちに自分のせいになっていて愕然としたという人もいると思います。

世の中には、**失敗を他人に押しつけても全然へっちゃら**で、罪悪感のかけらもない人がいます。

そんな人に失敗を押しつけられたままでは、腹が立ちますよね。

そんな時には、泣き寝入りをしないで、毅然と抗議をすべきです。

ここでは、そんな場面で有効な「言葉の護身術」を紹介します。

実例

Cさんの上司Dさんは、ケース4で紹介した「手柄は自分のもの、失敗は部下のせい」という最低の上司でした。

Cさんは、「Dさんが転勤するまで、我慢我慢！」と呪文のように唱えて、何とか日々の業務をこなしていたのですが、どうにも我慢できない事件が起こってしまいました。

Dさんは大きな取引先相手の仕事で失敗し、役員から大目玉を食らってしまったのですが、Cさんにすべての責任を押しつけようとしてきたのです。

卑劣なDさんに心底怒りを覚えたCさんは、自身の無実をはらすべく証拠を集め、社長に直談判のメールをして潔白を証明することを決心しました。

言葉の護身術 最終手段は「本気の言葉」

上司にとって、言われたらゾッとする言葉とは何でしょうか？

じつは、Cさんはそうした言葉を上司のDさんに投げつけたのです

「Dさん、僕のこと、あんまりなめないでくださいね」

「泣き寝入りは絶対にしませんので！」

「僕はしつこいんですよ。絶対にあきらめませんから、覚悟しておいてください」

Cさんから立て続けに発せられたそれらの言葉を聞いて、Dさんは絶句をしたそうです。そして、しばらくしてから、

「俺はおまえのせいにしたつもりはなかったんだ……」

と言い訳がましく、弁解をしたといいます。

しかし、Cさんは、

「Dさんの言葉には誠意が感じられないんです」

と一蹴しました。

その後、Dさんは観念したのか、すべてを認め部長に報告をしたようです。Dさんは地方に左遷され、Cさんはおとがめなし。Cさんの潔白が証明されたのです。

Cさんの覚悟を決めた反撃の言葉を聞いて、Dさんは真っ青になっていたそうです。Cさんが本気で投げかけた言葉だったからに違いありません。

ほかに、上司にとって言われたらゾッとする言葉としては、

「部長、担当役員に直訴します！」

「あったこと全部、人事に言いますから」

「社長に直談判をします」

などのバリエーションがあります。

会社員にとって、上司や人事部を巻き込んで争う覚悟があると言われることは絶体絶命のピンチです。

だからこそ、効果は絶大ですが、これらはかなりきつい表現になります。上司との関係を見極めながら、**最終手段**として、上手に使っていただきたいと思います。

ケース16 頑固な上司と意見が対立したら？

10人いれば、10通りの意見がある――。

それくらい、「人の意見」はさまざま。

自分の意見を率直に主張する代わりに、他人の意見も尊重し、「そんな考え方もあるんだな」と素直に受け入れる。そうすると、職場の人間関係は良好になりますし、建設的な議論もできます。

しかし、世の中には**「自分の意見が正しい」と譲らない人**もいます。

ここでは、そんな頑固な人にも負けない「言葉の護身術」を紹介します。

実例

Rさんは理系出身で、なんでも筋道を立てて考え、自分の意見の合理性や正当性について、理由をつけて説明してきます。

Qさんも当初はRさんの理路整然とした説明を聞いて、とても頭のいい人なんだな、と感心すると同時に尊敬もしていました。

そんなある日、会議でQさんは、たまたまRさんの意見とは真っ向から対立する意見を述べることになりました。

Rさんは合理的な考え方の持ち主なので、Qさんが反対の意見を言ったとしても、理由を説明すれば、Rさんは納得してくれるのではないかと、安易に考えていました。

ところが、Rさんは、反対の意見を述べたQさんに対し「おまえの意見は間違っている！」とばかりに**にらみつけ、すごい勢いで反論し始めた**のです。

Qさんは自分の意見の合理性について熱心に説明したのですが、Rさんは一切認めようとしません。

結局、先輩であるRさんの意見が通る形になってしまい、Qさんは悶々とした気分で会議室を後にしました。

Qさんは今までのRさんに対する認識を改めると同時に、これから会議で自分の意見を少しでも通すためにはRさん対策が急務だと考えました。

言葉の護身術

「あなたの立場では」と条件つきで相手を認める

QさんがRさん対策として、実践した方法をご紹介しましょう。

Rさんは、自分は間違っていないと言い張る「自己正当化」タイプと、自分の思い通りにしたい「自己中」タイプ、そして、自分をもっと認めさせたい「かまってちゃん」タイプの複合型。もしかすると、自分は完璧で優秀だと思い込んでいる「完璧主義者」タイプの可能性もあります。

とにかく頑固でやっかいなタイプなのです。

そんなRさんに対し、いくら熱心に理由を説明しようとしてもムダです。ここまでお読みいただいたみなさんには、もうおわかりいただけるでしょう。

このような頑固なタイプには、なにはともあれ、**相手を認めてあげることが先決**です。理由を説明するのは、その後にすべきことなのです。

もちろん、相手を責めるなど、もってのほか。もしそんなことをすれば、猛反撃にあうことは火を見るより明らかです。

このケースでは、**「あなたの立場からすると」という条件つきで、**まずは相手を認めてあげることが重要です。たとえば、

「Rさんの立場からすると、そうですよね」

「Rさんの立場で考えた場合……私も同じように考えると思います」

「Rさんのご主張からすれば、当然そういう結論になりますよね」

などと、まずはRさんの意見や考え方に理解を示してあげると効果的です。

「あなたの立場からすると」という条件つきではあるものの、「あなたの意見は正しい」と言ってあげることで、Rさんのプライドは満たされるからです。

このひと手間をかけることが重要です。

その後、少し間をあけて、

「一方で、〇〇というケースも考えられるな、と思うんです」

「〇〇という考え方も面白いなあと思ってまして……」

「違う角度から見てみると、それはそれでありかなあとも思うんですよ」

などと、やんわりと自分の意見を主張してみるのです。

あくまで「**やんわりと、さりげなく、つけ加える**」ことがポイントです。

実際にこのひと手間をかけた後では、RさんがQさんの意見を頭ごなしに否定したり、敵視することはなく、和やかに会議が進んでいったそうです。

結果的に、ほぼQさんの意見が通ったのですが、会議の中ではRさんが主張したかのような印象になり、Rさんは満足して会議室を後にしたということです。

「負けるが勝ち」と言いますが、Qさんとしては結果的に自分の意見が通ったため、会議の後で悶々とすることはありませんでした。

むしろ、「Rさんの攻略法を見つけた！」と思い、気がラクになったそうです。

ただ、少し意趣返ししたい場合には、

「あなたの言う通りになりました。少しは気が晴れましたか？」

と、チクリと言ってみてもいいかもしれません。

この「条件つきで認める」という方法は、周囲との軋轢を生むことなく自分の意見をスムーズに通すのに便利な方法です。

覚えておくと**いろいろな面で得をする言葉の護身術**だと思います。

ケース7

愚痴を聞かされたり、マウントを取られたら？

上司や先輩の悪口を言って、その意見に同意を求めてくる人。

口を開けば、すぐに愚痴を言う人。

マウントを取らなければ、気が済まない人……。

ここでは、そんな困った人たちの**「面倒くさい攻撃を上手にかわす」**言葉の護身術を紹介します。

さまざまなケースに応用できて便利ですので、ぜひ、身につけてください。

実例 **悪口に同意を求める困った同僚**

上司や同僚の悪口を言ってくる人は、周りに少なからずいると思います。

「あなたもそう思うよね？」と話題を振られた時に、その場の空気を読んで、「そうですよね」「私もそう思います」などと**安易に同意するのは危険**です。

あとあと、「あの人も悪口を言っていた！」と一緒にされかねません。

最悪の場合、自分が発信源にされてしまうこともあり得ます。

とはいえ、「そんなことないと思います！」「他人の悪口なんて言わないほうがいいですよ」などと正論を言うと、あなたに矛先が向いてくる恐れがあります。

そんな時は、**「さっと話題を変えてしまう」**言葉の護身術が効果的です。これは、口を開けば、すぐに愚痴を言う人に対してもとても有効です。

言葉の護身術 「それはそうと」で、切り替える

「それはそうと」というフレーズは大変便利な言葉です。

たとえ、相手の話の腰を折ったとしても、「強引に話題を変えられた」と**相手に不快感を抱かせることなく、スムーズに話を切り替えることができる**からです。

「それはそうと」と言われると、相手は今の話題を終了させ、新しい話題に乗らざるを得なくなります。それでも、相手に対してそれほど失礼にはなりません。

応用としては、「それはそうと」の後に「話は変わるんだけど」というフレーズを入れてもいいと思います。

たとえば、職場で上司や同僚の悪口を言ってくる人には、

「○○さんとはあまり話したことがなくて……。それはそうと、今日のニュースで言ってましたけど……」

「○○さんのことはよく知らないんです。それはそうと、今思い出したのですが……」

「それはそうと、明日の天気なんだけど……」

などと答え、まったく関係のない話題を思い出したふりをして、そちらに関心を向けさせるのです。

話題は、朝に見たニュース、天気の話題、長期休みの計画など、とっさに思い出せて、当たり障りのないものがおすすめです。

もし、そうした努力もむなしく、再び、悪口の話題に戻った時は、さりげなく席をはずしてしまいましょう。職場では他人の悪口を言わないことが賢明です。

「それはそうと」は、愚痴ばかり言う同僚の話を遮る場合にも使えます。

ぜひ、一度、お試しください。

＼不快感を抱かせずに、話を切り替える／

実例

学歴、年収、子ども……困ったマウンティング社員

職場に「うちの夫は東大なの」「年収は……」「子どもの学校は……」といつも自慢話をして、マウントを取ろうとする人がいると大変です。

当人の話ならまだしも、**夫や子どもの自慢話を聞かされるのは苦痛**ですよね。一度だけならまだしも、ことあるごとに自慢をしてこられたら、心の底からうんざりしてしまいます。

自慢ばかりする人にかぎって、**何かしら不満やストレスを抱えている**ものです。また、嫉妬から、他人が気になってしかたがないという側面もあります。

一見スペックが高くて幸せそうに見えても、本当に家族仲がよくて幸せかどうかは端からではわからないものです。じつは、夫婦仲が悪く、家族はバラバラな状態なのかもしれません。弁護士という職業柄、私はそんな例を山ほど見てきました。

配偶者の学歴や会社、年収などでマウントを取ってくる同僚に対して、どう切り返せばいいでしょうか？

言葉の護身術

「うらやましい」で、話題を変える

このケースのように、聞きたくもない他人の家族の自慢話を聞かされたら、**「うちは家族の仲がいいだけが取り柄で、あなたの足元にも及ばないわ」**と一言だけ持ち上げた後は、さっさと話題を変えるといいでしょう。先ほど紹介した「それはそうと」を使って、話を切り替えてみてください。

相手の自慢話にはつき合わずに、すかさず話題を変えることがポイントです。

応用編としては、

「自慢ですか～?」「よっぽど自信があるんですね」と、チクリと嫌味を言ってみたり、

「家族ではなく、あなたの自慢話を聞きたいです」と、逆に真剣に聞いてみたり、

「嫉妬する人もいるから、気をつけたほうがいいですよ」と、アドバイスを装って切り返したりするのもおすすめです。

「言いますね～」「他人からほめられてなんぼじゃないですか?」などなど、あなたなりの切り返しフレーズを考えて、いろいろ試してみてください。

ケース 8

心配をするふりをして、挑発されたら？

不愉快な話を、わざわざしてくる性悪な人がいます。

「課長が君とはコミュニケーションが取りづらいって言ってたけど、大丈夫かい」

「君って同期の中で遅れを取ってるよね、後輩に抜かれないか心配だよ……」

などと、**心配をするふりをして、暗に挑発してくる嫌な同僚**はよくいますよね。

こんな時、相手の話を我慢して聞いている必要はありません。

先ほど紹介をした「話題を変える」の応用バージョンとして、「会話を終わらせる」という言葉の護身術があります。

カチンとくる言葉を言われても、相手と喧嘩することなく、さらっとかわせる便利なテクニックです。

実例

Uさんは、元来のんびりとした性格で、出世にはあまり興味がありません。

一応、親の知り合いのコネで一部上場企業に入ったものの、配属されたのは社員の保険の管理をする部署です。

仕事はそれほど忙しくないため、Uさんは毎日定時で帰っています。

Uさんとしては、きちんと給料はもらえるし、好きな趣味に時間を費やすこともでき、充実した毎日を送っていました。

そんなある日。久しぶりに同期会が開かれることになり、Uさんも参加したところ、隣の席に座ったVさんから**嫌なことを聞かされた**のです。

Vさんは本社の営業部に所属しています。Uさんの上司とたまたま飲み屋で一緒になったということで、その上司から聞いた話をしてきたのです。

「君のところの課長がグチを言ってたよ。Uはもっともっと仕事しろって。一番若いのに定時に真っ先に帰るなんて、やる気はあるのかって怒ってたよ」

「今のままだと左遷だなって言ってたぞ」

このように、Uさんが**まったく知らない情報をどんどん耳に入れてくる**のです。

Uさんは会社で上をめざしているわけでもありませんし、正直、上司にどう思われようが知ったことではありません。仮に地方にとばされても、好きな趣味は続けることができますし、別に困ることはないのです。

ただ、上司が同期に自分の悪口を言っていたとすれば、上司の人間性を疑ってしまいます。これからの業務に支障が出ることは間違いありません。

上司に直接確認をしたいところですが、Vさんがお酒に酔った勢いで、話を盛っている可能性もあります。

こんな時、Uさんは、どうすればいいでしょうか？

言葉の護身術 「ご忠告ありがとう」と、さっさと切り上げる

Uさんは少々悩みましたが、Vさんの話はこれ以上聞く必要はないと判断しました。

「**ご忠告ありがとう、でも僕の問題なので！**」

と、きっぱりそう言って、会話を終わらせたのです。

さすがに、Vさんはムッとした表情をしましたが、それ以上、話を続けることはなく、そこで会話は打ち切りになったといいます。

後日、Uさんは上司に直接、聞いてみることにしました。

「同期のVから聞いたのですが、悪いところがあったら直したいので、お話をおうかがいできますか？」と。

すると、率直に聞いたのがよかったのか、上司は仕事上の真摯なアドバイスをいくつもくれたそうです。Vさんの話は、少々盛った話だったのです。

このように不愉快な話や一方的な意見の押しつけに対しては、**さっさと会話を切り上げる**に越したことはありません。

我慢して聞いているのも不愉快ですし、言い返して喧嘩になったりしても時間のムダだからです。

Vさんは、Uさんを面白半分でからかったのかもしれません。しかし、その原動力が嫉妬の感情であることは間違いありません。**毎日を充実して過ごすUさんに対し、複雑な感情を抱いていた**のでしょう。

ここでは、「きっぱり会話を終わらせる」言葉の護身術を紹介しましたが、前述した「話をそらす」というテクニックも有効です。

参考までに、私がよく使う会話の終わらせ方をいくつか紹介しておきます。

「私とは誰の意見も求めていませんので、これ以上は話を続けるのはムリかもです」

「それは、あくまであなたの考えなので、お気遣いなく……」

「これ以上、この問題についてあなたの主張（考え）でしょう？　ご心配なく」

「これ以上、この問題についてあなたとは話したくないです」

少々キツイ言葉もありますが、性悪な相手をシャットアウトするには、これくらい言っても問題ありません。

一言だけきっぱりと「会話を終わらせる宣言」をした後は、相手が何を言ってきても、相手にせずにスルーしてください。

手ごわい相手も、そそくさと退散することでしょう。

ケース9

プライバシーに土足で踏み込まれたら？

職場では、個人情報について、あまり大っぴらに言わないほうが得策です。

前にも説明したように、同じ情報でもさまざまなとらえ方をする人がいますし、嫉妬の感情をかき立ててしまい、トラブルの元になる危険性があるからです。

職場での個人情報の公開は「百害あって一利なし」と言っても過言ではありません。

個人情報は、本当に信頼できると確信した人にだけ言えばいいことです。

職場で、たいして親しくもないのにプライバシーに土足で踏み込んでくる人がいた場合、どう対処すればいいでしょうか？

ここでは、そんな時に相手をうまくあしらう言葉の護身術をお伝えします。

実例

Wさんは、金融関係の会社に正社員として入社しました。結婚して2児を出産し、子どもが小学校に入って手がかからなくなった段階で、夫とは離婚。本格的に職場復帰を果たしました。

仕事はやりがいがありますし、今年から役職もつくことになり、大変充実した毎日を送っています。

そんなWさんの課に、派遣社員Xさんが配属されました。Xさんもシングルマザーで、子どもが1人います。

最初はXさんのことをたいして気にとめていなかったWさん。

ある日、Xさんを交えての課の食事会が開かれた際に、XさんはWさんの隣の席に座りました。そして、

「Wさんは私の憧れの女性です！」

「一緒に働けて光栄です！」

と、瞳をキラキラさせながら言ってきたそうです。

WさんはXさんの言葉を聞いて、**正直嬉しくなかったと言えば嘘**になります。

歯が浮くようなお世辞だとは思いつつ、お酒も多少入っていたせいか、WさんはXさんに**つい気を許してしまった**のです。

Wさんがシングルマザーだと知ると、Xさんは自分も同じだと喜び、さらに「彼氏はいますか」「子どもはどこの学校に通っていますか」などと、矢継ぎ早につっこんだ質問をしてきました。

翌朝、Wさんは昨日のことを思い出して、初対面に近いXさんからの不躾とも言える質問に、あそこまで馬鹿正直に答える必要はなかったと猛省しました。

その後、XさんがWさんとの写真をSNSでアップしていたことが判明したのです。

「シンママ友達発見！　バツイチ独身の素敵な上司Wさんと○○でご一緒しました〜、有難くて涙がでます」

Xさんのコメントを見たWさんは、さすがにショックを受けました。

「何の断りもなく、勝手に食事の写真をSNSにアップするなんて……しかも『シンママ友達』とか『バツイチ』って個人情報じゃないの？」

お酒を飲んで赤くなっているWさんの横でカメラ目線でピースをしながら映ってい

るXさんの写真を見ていると、Xさんのwさんに対するちょっとした悪意も感じ、Wさんは Xさんの存在が不気味に思えてきたそうです。

言葉の護身術 「そんなに私のことが気になる?」と、はぐらかす

Wさんは、Xさんの口車に乗せられ、つい個人情報を話しすぎてしまったようです。Xさんは本当に憧れのWさんと知り合いになれたことが嬉しく、一緒に食事をした写真をアップしただけだったのかもしれません。

ただ、Xさんのように職場でたいして親しくもないのにプライバシーに土足で踏み込んでくる人がいた場合、基本的にはプライベートの情報を教えないように「**秘密主義**」を通したほうがよいでしょう。

Xさんが「嫉妬メラメラ」タイプで、Wさんに**ひそかなライバル心を燃やす**ことは十分に考えられます。「憧れている」「うらやましい」存在は、身近になればなるほど、嫉妬の対象となる可能性があるのです。

また、きちんとした人なら相手のほうから、「この食事の写真をアップしても大丈

夫ですか?」などと断りを入れてきます。許可も得ていないのに勝手に写真を公開する人は要注意です。

このような人は、プライベートな質問に答えないと、

「Wさんって、いつも秘密主義よね」

などと批判してきたりします。

いったん機嫌を損ねたら、ネットで誹謗中傷をする危険性もないとは言えません。

そこで、どうするかというと、

「あら、そんなに私のことが気になる?」

と、冗談めかしてはぐらかしておくといいでしょう。ほかのパターンでは、

「これ以上は企業秘密です」「今、流行の個人情報ですよ?」

などときっぱり断ってもいいと思います。

とにかく、**職場の人とは適度な距離感を保つ**ことが、職場の人間関係をうまくいかせる秘訣です。

職場とプライベートは必ず一線を引き、職場ではプライベートな質問はNGといったオーラを出すことができればベストだと思います。

職場《しょくば》の嫌《いや》な人《ひと》から自分《じぶん》を守《まも》る
言葉《ことば》の護身術《ごしんじゅつ》

著　者――後藤千絵（ごとう・ちえ）
発行者――押鐘太陽
発行所――株式会社三笠書房
〒102-0072 東京都千代田区飯田橋3-3-1
電話：(03)5226-5734（営業部）
：(03)5226-5731（編集部）
https://www.mikasashobo.co.jp
印　刷――誠宏印刷
製　本――若林製本工場

編集責任者　清水篤史
ISBN978-4-8379-2932-1 C0030